A TRAVÉS DE LA ADVERSIDAD

Salud integral, fe, propósito y fortaleza
para levantarte cada vez más fuerte.

Midtown New York Press
An imprint of Five Points Publishing LLC
250 East 34th Street, New York, NY 10016
www.fivepointspublishingnyc.com

Alfaxad M. Sánchez
A través de la adversidad [Printed Text]

1ra ed. New York: Midtown New York Press, 2026.
100 páginas. 15,2 x 22,8 centímetros

ISBN: 979-8-9966871-1-4

A través de la adversidad

Editor: Esteban Escalona
Diseño Portada: Camila Jara

Primera edición: Agosto 2026.

ALFAXAD M. SÁNCHEZ

A través de la ADVERSIDAD

MIDTOWN
NY
PRESS

BROADWAY
SERIES

ÍNDICE

PRÓLOGO

Por qué decidí contar mi historia

Este libro nació en mi corazón mucho antes de comenzar a escribirse en papel. Durante años supe que algún día compartiría mi historia, aunque por mucho tiempo escribía pero no estaba segura del mensaje fundamental que quería expresar o a quiénes iba dirigido. Dentro de mí existía una convicción persistente: transformar experiencias difíciles en un mensaje de fortaleza, educación y esperanza para otros.

A lo largo de mi vida y de mi trabajo en la comunidad, pude observar una realidad que merece mayor atención: muchas personas, familias, jóvenes y niños enfrentan desafíos de salud mental en silencio, desinformación o bajo el peso del estigma. Con frecuencia, el sufrimiento emocional no solo afecta a quien lo vive directamente, sino también a todo su entorno familiar, generando incertidumbre, desgaste y sentimientos de impotencia.

En medio de esas realidades, asumí con compromiso el rol de acompañamiento, orientación y defensa comunitaria. Vi de cerca cómo muchas personas no necesitaban perfección, sino apoyo; no necesitaban juicio, sino comprensión; no necesitaban vergüenza, sino herramientas claras para avanzar. En numerosas ocasiones, una conversación oportuna, una guía estructurada o la presencia empática de alguien; podía marcar una diferencia significativa.

Con el tiempo comprendí que mi propia historia también estaba siendo preparada con propósito. Mis luchas, aprendizajes y procesos personales me permitieron desarrollar una sensibilidad especial hacia quienes atraviesan momentos de ansiedad, estrés, depresión, confusión o incertidumbre. Lo que antes veía únicamente como un proceso difícil, con los años también reveló crecimiento, profundidad y dirección.

Este libro nace con la convicción de que la salud mental debe recibir la misma legitimidad, atención y cuidado que la salud física, ya que indirectamente afecta nuestra salud integral. Buscar ayuda profesional no disminuye a nadie. Recibir tratamiento no es señal de debilidad. Hablar de nuestras dificultades no debe producir vergüenza. Por el contrario, reconocer necesidades y permitir apoyo puede convertirse en uno de los pasos más valientes hacia la recuperación.

También deseo reafirmar una verdad esencial: las pruebas no cancelan el propósito. Existen temporadas complejas, pero también existen recursos, profesionales capacitados, amistades sinceras, familiares comprometidos y redes de apoyo —incluyendo la fe— que pueden sostenernos mientras recuperamos equilibrio.

En estas páginas encontrarás resiliencia, salud mental y física, fe y crecimiento. Encontrarás experiencias reales, procesos humanos, aprendizajes profundos y esperanza práctica. No escribo desde la perfección, sino desde el camino recorrido. No escribo como alguien que nunca cayó, sino como alguien que aprendió a levantarse y a seguir caminando.

Si hoy atraviesas una temporada difícil, deseo que este libro te recuerde algo importante: no estás solo. Tu lucha no te define. Y aun en medio de la adversidad, todavía puede nacer una nueva historia.

Capítulo 1

Las señales que no se ven

Antes de contar mi historia, quiero detenerme y retroceder; para que puedas comprender con mayor claridad lo que estoy a punto de compartir.

La crisis de salud mental que se manifestó en el año 2005 no fue un evento repentino; ni fue el resultado de un solo evento aislado. Fue el desenlace de un proceso más profundo: se desarrolló progresivamente, a través de síntomas psicológicos y físicos que se fueron intensificando con el tiempo, hasta requerir mi ingreso en un hospital psiquiátrico. Sin embargo, esa crisis no comenzó en ese momento. Había iniciado mucho antes, en silencio.

Llegué a Estados Unidos en 1997 con metas claras y una determinación firme de avanzar. Durante 5 años mantuve un ritmo constante de trabajo, orientado a cumplir objetivos personales y profesionales que consideraba imprescindibles para abrirme camino en EE.UU. y crear las condiciones necesarias para traer a mi hijo y mi madre que se encontraban en República Dominicana. En medio de ese ritmo constante, hubo períodos en los que el estrés comenzaba a hacerse evidente. Las exigencias de la universidad, junto con las responsabilidades laborales, generaban una sobrecarga que en ese momento no lograba dimensionar completamente. Con frecuencia le expresaba a mi madre el malestar físico que experimentaba, en particular un dolor persistente en la nuca. Ella me sugería tomar baños relajantes, y en muchas ocasiones encontré en esos momentos un alivio temporal.

Hoy comprendo que aquellos dolores no eran casuales. Eran manifestaciones físicas de un estado de estrés sostenido. Mi cuerpo estaba enviando señales claras de que algo no estaba en equilibrio, aun cuando yo no era plenamente consciente de ello.

Mi rutina estaba cuidadosamente estructurada y exigía disciplina absoluta. Para ese entonces era el año 2002, yo trabajaba de ocho de la mañana a cinco de la tarde en una firma de abogados, en la ciudad de Mattapan, Massachusetts. Allí adquirí experiencia, en un entorno legal que requería responsabilidad y atención a los detalles. Al terminar la jornada, lejos de irme a casa a descansar, me dirigía a Roxbury Community College, donde cursaba dos programas de grado asociado: Administración de Empresas y Contabilidad. De seis a nueve de la noche asistía a clases pese al agotamiento físico y mental. Regresaba con la agenda llena y la mente puesta únicamente en dormir unas horas para comenzar, al día siguiente, exactamente la misma rutina.

Sostener el equilibrio entre trabajo y estudios no fue sencillo. Con el tiempo, sin embargo, esa exigencia se convirtió en una escuela de vida. Aprendí a administrar cada hora con intención, a perseverar cuando el cuerpo pedía descanso y a mantener la mirada fija en metas que esperaba alcanzar a su debido tiempo. Cada sacrificio respondía a un propósito mayor. Sin saberlo, estaba cultivando la disciplina y la resistencia que más tarde necesitaría.

Los fines de semana se convertían en espacios de descanso y reorganización. Vivía en un pequeño departamento en South Boston, MA. Aquel lugar de una sola habitación, sencillo y adornado a mi gusto, era mi refugio. Ese espacio representó mis primeros pasos hacia la estabilidad. Era mi territorio íntimo, donde hacía mis tareas, organizaba mis días y trataba de recomponerme después de jornadas largas y exigentes. Entre esas paredes recuperaba fuerzas y encontraba momentos para reconectar conmigo misma, descansar, pensar y, en ocasiones, simplemente me permitía detenerme.

En otras ocasiones, los fines de semana también se convertían en pequeños espacios de distracción. Salía algunas veces con una amiga a recorrer distintas tiendas, compartiendo conversaciones y momentos sencillos que me permitían desconectarme, aunque fuera por un instante, de la rutina diaria. En ocasiones también compartía con mi hermano Engel Sánchez, quien vivía en Lynn, Massachusetts, junto a su pareja en ese entonces.

Desde mi llegada a Boston, Massachusetts, me propuse metas claras y bien definidas. Entre ellas estaban aprender y perfeccionar el idioma inglés, completar mis estudios universitarios, continuar creciendo y desarrollándome profesionalmente, convertirme en ciudadana americana de los Estados Unidos; hacer la petición de residencia para mi madre y cambiar el estatus de la aplicación de mi hijo una vez fuera ciudadana; y crear las condiciones necesarias para ellos cuando llegaran a Estados Unidos.

Mientras trabajaba en la firma de abogados, cada jornada se convertía en una oportunidad para acercarme, paso a paso, a esas metas que había trazado con esfuerzo. Mi mayor sueño tenía rostros y nombres. En los momentos de mayor agotamiento pensaba en ellos, y ese pensamiento me devolvía la fuerza. Con la ayuda de Dios y tras un proceso largo, sostenido por la constancia y la fe, en el año 2003 finalmente logré cumplir mi mayor sueño, la llegada de mi hijo y mi madre a este país.

La transición de mi hijo fue un proceso significativo. Llegaba a un entorno nuevo, con un idioma que aún no dominaba y una cultura distinta a la que no estaba acostumbrado. Adaptarse a esa nueva realidad requería tiempo, paciencia y acompañamiento. Me mantuve atenta y comprometida con su bienestar, procurando que cada paso en ese proceso de adaptación fuera lo más estable y positivo posible. Mi rutina comenzó a organizarse en torno a sus necesidades: asegurar su asistencia a la escuela, acompañarlo en sus actividades y brindarle el apoyo necesario para facilitar su integración.

Con ese propósito, lo inscribí en un programa de verano que le permitió comenzar a familiarizarse con el idioma, el ambiente escolar y nuevas amistades antes del inicio formal de clases. Durante ese tiempo, el hijo de una amiga muy querida que dominaba ambos idiomas, se convirtió de manera natural en un puente de comunicación y apoyo para él, ayudándolo a comprender instrucciones y sentirse más seguro en medio de lo desconocido. Esa experiencia reafirmó en mí una verdad profunda: en los momentos de transición, Dios suele colocar personas en nuestro camino que, con gestos sencillos pero significativos, brindan apoyo, alivio y esperanza cuando más lo necesitamos.

Durante mi experiencia laboral entre los años 2000 al 2005, conté con el apoyo de compañeros y supervisores que fueron mucho más que figuras profesionales. Su presencia y respaldo se hicieron evidentes en momentos clave, especialmente cuando las circunstancias se volvían abrumadoras. En más de una ocasión, recibí ayuda que fue más allá de lo esperado. No se trataba únicamente de un apoyo económico o práctico, sino de un gesto de confianza que me permitió continuar avanzando en mis estudios y en mis metas personales. Ese tipo de apoyo no solo alivia cargas, sino que también fortalece la seguridad interna y la capacidad de seguir adelante.

Esa experiencia me enseñó que, aunque el esfuerzo personal es fundamental, no siempre es suficiente. Hay trayectos que solo se pueden recorrer gracias a las personas que nos acompañan para impulsarnos y guiarnos en los momentos de mayor dificultad. Recibí apoyo en momentos donde continuar parecía difícil.

Como parte del proceso y transición, ya no se trataba únicamente de avanzar en mis metas personales, sino de construir un entorno estable para mi familia. Esa transición implicó nuevos ajustes, responsabilidades y decisiones importantes. Entre ellas, la necesidad de encontrar un espacio más amplio donde estuviéramos a gusto. En ese proceso, busqué orientación dentro de mi entorno laboral, compartiendo mi interés en conseguir un apartamento más espacioso. Sin necesidad de explicaciones ni anuncios, recibí un aumento salarial que me permitió calificar para el apartamento y asegurar un espacio más digno para mi familia.

Mi espacio de trabajo se convirtió en mucho más que un entorno laboral. Con el tiempo, se transformó en un lugar donde podía expresar tanto mis logros como las necesidades que surgían durante el proceso de adaptación en un nuevo país. Compartía la oficina con mi compañera en el departamento de contabilidad. Era un espacio amplio, tranquilo, donde poco a poco se fue construyendo una relación de confianza. Entre balances y reportes, nuestras conversaciones trascendían lo profesional. Hablábamos abiertamente sobre los retos cotidianos, sobre la transición de la familia y ajustes culturales. Al mismo tiempo, también compartía la profunda satisfacción de estar nuevamente reunida con mi familia. En ese espacio no solo se organizaban números, también se ordenaban pensamientos, se procesaban emociones y se sostenían esperanzas. Mi compañera de departamento sabía escuchar sin prisa y sin juicio. Acompañaba sin invadir. En momentos en los que la incertidumbre se hacía presente, encontraba en ella una atención serena y honesta que me permitía sentirme escuchada y validada. Su cercanía se convirtió en un sostén discreto pero significativo. Sin proponérselo, fue una aliada en mi proceso de crecimiento, aportando claridad y apoyo en una etapa donde lo necesitaba.

Otra persona también fue una pieza esencial dentro de ese entorno de apoyo. Se desempeñaba como paralegal en la oficina legal. Llegaba temprano cada mañana y, antes de comenzar la jornada, solía acercarse para conversar. Hablábamos sobre el fin de semana, la familia y esos aspectos cotidianos que, en medio del trabajo, se volvían necesarios para mantener el equilibrio emocional y humano dentro de una rutina ocupada de trabajo. Desde el primer día en que llegué a esa firma legal, fui recibida con respeto, calidez y una genuina disposición de ayudarme a integrarme al nuevo ambiente laboral. La supervisora general de la oficina, junto con otros abogados y empleados, me brindaron orientación, respaldo y una acogida que marcó positivamente mi experiencia laboral. Entre la red de apoyo también recibí la ayuda de mi supervisor directo, quien se interesaba en mi bienestar y mi historia. Me ofreció respaldo incondicional, dejando una huella profunda en mi vida profesional y personal.

Cuando posteriormente llegaron mis otros dos hermanos junto a sus hijos a Massachusetts, esa red de apoyo se hizo presente una vez más. Desde mi entorno laboral surgieron gestos concretos de solidaridad, como la donación de ropa y artículos esenciales para los niños. Asimismo, a través de recomendaciones, se abrieron oportunidades laborales que permitieron a mi familia comenzar a integrarse en este nuevo entorno. Experiencias como estas reafirmaron en mí la importancia de las redes de apoyo y la manera en que, en momentos clave, surgen personas dispuestas a extender una mano.

Mirando atrás, reconozco la importancia de las redes de apoyo y del impacto que tienen las personas que aparecen en momentos clave. En medio de las responsabilidades y el proceso de adaptación, esos gestos de solidaridad se convirtieron en un sostén significativo para mi familia y para mí. Esas experiencias me enseñaron que, aun en tierra ajena, la presencia, la empatía y el apoyo de otros pueden marcar una diferencia profunda. Lo que parecía simplemente ayuda en momentos específicos, en realidad fue parte fundamental del camino que me permitió avanzar y continuar hacia adelante con apoyo y la ayuda de Dios. A la distancia, deseo expresar mi más sincero agradecimiento a todas las personas que me acompañaron y que de una forma u otra, contribuyeron a mi crecimiento y bienestar. Aquella experiencia me enseñó que un ambiente laboral saludable puede convertirse en mucho más que un empleo: puede transformarse en una comunidad que impulsa, sostiene y abre puertas en momentos decisivos de la vida.

Capítulo 2

Cuando las señales se hicieron evidentes

En el año 2004 atravesé múltiples transiciones sin darme el espacio necesario para descansar. Mi cuerpo fue el primero en resentirse; la mente vino después. Había terminado mis estudios en Roxbury Community College, donde obtuve dos títulos de asociado en Administración de Empresas y Contabilidad. Nos habíamos mudado a un nuevo apartamento en Hyde Park, y la reunificación familiar exigía atención, apoyo y guía. Todo ello se sumaba a mi rutina diaria de trabajo. Paralelamente, me involucré en negocios de ventas de cuadros por catálogos que demandaban tiempo adicional y aumentaban el nivel de exigencia y responsabilidad. El desgaste no fue inmediato, pero comenzó a manifestarse de forma gradual. Aparecieron dolores persistentes en la nuca, señales físicas que en ese momento no interpreté como advertencias. Para el año 2005, esos malestares empezaron a intensificarse y comenzaron a surgir otros síntomas que marcarían el inicio de una etapa más compleja. El insomnio se volvió habitual. Dormir se convirtió en una batalla. Me despertaba varias veces, a distintas horas, con la mente encendida. Comer también resultaba difícil; el estómago parecía cerrarse. Durante un tiempo consumía cantidades de leche, una de las pocas cosas que lograba tolerar.

Pero no todo eso eran síntomas.

Algo más empezó a cambiar.

Sentía una energía inusual, acelerada. Hablaba con rapidez. Las ideas se sucedían sin pausa: proyectos, negocios, planes ambiciosos para el futuro. Pensamientos constantes, expansivos, a veces desmedidos. En aquel momento no lo entendía, pero esa intensidad ya no era simple entusiasmo.

Comencé a percibir la realidad de otra manera, y también a actuar de forma distinta. Surgieron compras impulsivas y gastos desmedidos, decisiones que tomaba sin medir consecuencias. En ese momento todo me parecía lógico, incluso necesario. Adquirí un vehículo nuevo. Realicé compras de muebles, ropa y otros artículos, con la convicción de que debía proyectar una imagen determinada y vestir de la mejor manera posible. Asimismo, en una ocasión doné una suma considerable de dinero a una persona en situación de calle, convencida de que estaba cumpliendo una misión especial que el Señor me había encomendado. Cabe destacar que siempre me he caracterizado por ser una persona organizada y cuidadosa con mis finanzas. Durante años planifiqué cada gasto con precisión. Sin embargo, en ese período actuaba con una seguridad inusual, tomando decisiones sin cuestionarlas y sin el análisis que normalmente formaba parte de mi manera de proceder.

Mis pensamientos empezaron a volverse intensamente simbólicos y espiritualizados. Interpretaba palabras, imágenes y coincidencias como mensajes espirituales. Creía que Dios se comunicaba conmigo de manera constante, a través de señales y revelaciones que solo yo parecía comprender. La realidad cotidiana adquirió una dimensión espiritual absoluta. Cada evento tenía un significado oculto, cada detalle confirmaba una misión. Poco a poco, la frontera entre lo simbólico y lo real comenzó a desdibujarse. La mente no se apagaba.

Todo esto afectó mi descanso.

Los días continuaron y mi estado mental siguió deteriorándose. Comencé a experimentar pensamientos amenazantes que me llenaban de terror. No eran simples preocupaciones: se imponían con fuerza, como si fueran advertencias reales. Estas vivencias se repitieron durante varios días y afectaron no solo mi estabilidad, sino también la tranquilidad de mi familia, que observaba con preocupación lo que estaba ocurriendo sin saber cómo detenerlo. Mi percepción de la realidad se distorsionó aún más. Llegué a creer que nuestras comunicaciones estaban siendo vigiladas. Sentía que nos observaban. Tomé decisiones extremas como no permitir que mi madre abriera la puerta de la casa debido a esa sensación constante de que nos estaban observando o grabando. Estaba convencida de que, de ese modo, la estaba protegiendo.

Ante el deterioro evidente de mi estado emocional, mi madre buscó ayuda espiritual a través de una hermana de la fe donde conoció al pastor Eligio Martínez; mi madre fue acogida desde el primer momento y pudo acercarse y buscar apoyo espiritual cuando comprendió que algo no estaba marchando bien con mi salud emocional.

Ese gesto —el de pedir ayuda— fue decisivo.

El pastor Martínez estuvo presente durante ese período de gran vulnerabilidad. Atendió nuestras llamadas, incluso en horas avanzadas de la noche, y ofrecía orientación cuando la confusión parecía imponerse. Su acompañamiento no se limitó a mí; también sostuvo a mi familia, que vivía la situación con preocupación e incertidumbre. En medio del miedo y la desorganización interna, el acompañamiento espiritual y la oración se convirtieron en un espacio de pausa. Sus palabras no resolvían la crisis, pero ofrecían contención. Fue entonces cuando comencé, aunque de manera todavía frágil, a reconocer con humildad que necesitaba ayuda más allá de mis propias fuerzas. El pastor Martínez hizo una visita a mi casa y decidí reafirmar mi fe, entregando nuevamente mi corazón al Señor Jesús. Durante ese período me sentía con mucha energía y un fuerte deseo de que mis hermanos también regresaran a la fe y participaran activamente en la iglesia. Sin embargo, la intensidad con la que transmitía ese interés generaba tensión en el entorno familiar. Mi entusiasmo, aunque bien intencionado, era percibido con preocupación, y se hacía evidente el estrés que mi familia experimentaba ante la forma en que yo estaba actuando.

Aunque comencé a ir a la iglesia, mi estado emocional continuaba deteriorándose. Por las noches algunas veces escuchaba ruidos en el armario de mi dormitorio. No había una causa visible, pero el sonido era persistente. Me quedaba inmóvil, atenta, con el corazón en sobresalto. El miedo se instaló junto al insomnio. En ese estado de exaltación comencé a buscar apoyo espiritual. Recuerdo que alrededor de las cuatro de la madrugada, llamé a un pastor que había predicado en la iglesia donde me estaba congregando. Le había comprado un CD que incluía su número de teléfono. Lo llamé sin dudar y le hablé del miedo que sentía. Él buscó distintos pasajes de la Biblia relacionados con el temor y comenzó a leerlos en voz alta. No recuerdo con exactitud cuáles eran las citas, pero sí recuerdo mi necesidad urgente de encontrar alivio en esas palabras. Durante ese período de desorganización emocional y mental, también buscaba orientación en personas de confianza dentro de mi comunidad de fe. En varias ocasiones, compartía con una hermana en la fe que veía de manera insistente la imagen de un semáforo y sus distintas luces. Ella, desde una perspectiva espiritual y con palabras de sabiduría, me ayudaba a interpretar ese símbolo de una manera sencilla pero significativa: el rojo representaba detenerse, el amarillo invitaba a actuar con precaución, y el verde indicaba que podía continuar avanzando.

Aunque en aquel momento atravesaba una etapa de gran confusión interna, esa conversación quedó grabada en mi memoria. Con el paso del tiempo, entendí que aquella interpretación también reflejaba principios valiosos para la vida: saber cuándo parar, cuándo proceder con cautela y cuándo avanzar con seguridad. En medio de la crisis, ese acompañamiento representó una forma de apoyo emocional y espiritual que me brindó consuelo y dirección.

Durante ese período, al no poder dormir en la noche, cuando intentaba cerrar los ojos durante el día para dormir, mi mente se llenaba de pensamientos que surgían sin control. Era como si no hubiera dirección ni freno. Las ideas aparecían una tras otra con rapidez, llevándome a escenarios confusos y difíciles de detener. Sentía como si mi mente entrara en un torbellino que giraba constantemente, sin darme espacio para detenerme. En algunos momentos, los pensamientos se tornaron más intensos y me generaban una profunda inquietud. Llegaban ideas que cuestionaban el sentido de la realidad, y me resultaba difícil interrumpir ese flujo mental. A pesar de mis esfuerzos por tranquilizarme, la mente continuaba acelerada.

Recuerdo que, cuando mi madre se acercaba para verificar si me encontraba bien, abría los ojos con temor. La sensación interna era de descontrol y confusión. Esas experiencias se fueron haciendo más frecuentes, evidenciando que algo en mi estado mental estaba deteriorándose.

En junio del 2005 ocurrió algo que marcó un punto decisivo.

Una vecina tocó el timbre. Cuando abrí, reaccioné de forma desproporcionada. Comencé a gritarle que era un demonio. Lo repetía una y otra vez, convencida de que aquello que tenía frente a mí no era una persona real. Su rostro, ante mis ojos, se había transformado en una figura demoníaca. Mi percepción estaba completamente alterada. No lograba distinguir entre lo que ocurría afuera y lo que mi mente construía desde dentro. Llevaba días sin dormir bien. La energía era intensa, desbordada. Todo se sentía amenazante. La vecina al verme en ese estado comprendió que algo no estaba bien.

Inmediatamente fue a su casa y llamó a una ambulancia.

Mi familia se encontraba en estado de shock, especialmente mi madre, al presenciar mi traslado a la sala de emergencias y posteriormente a un hospital psiquiátrico. En la búsqueda de respuestas y orientación, mi hermana se comunicó con mi médico de cabecera, quien continúa siendo mi doctor primario, el Dr. Warner. Él acudió a visitarme para dar respuesta a las preocupaciones y preguntas de mi familia y para dar apoyo.

El Dr. Warner ha desempeñado un papel importante como punto de enlace entre los distintos proveedores de salud involucrados en mi tratamiento. Esta coordinación ha sido esencial, particularmente considerando la complejidad de mi condición de salud física y mental. La comunicación y colaboración entre profesionales médicos, junto con el apoyo de la familia y del entorno cercano, resultan fundamentales para lograr un tratamiento coherente, continuo y efectivo.

Recuerdo fragmentos del traslado. La sirena. Las luces. Las voces que intentaban calmarme. Fui llevada a la sala de emergencias y, poco después, ingresada en un hospital psiquiátrico en la ciudad de Boston donde comenzó un proceso largo y agotador. Durante mi estadía en ese lugar, el equipo médico necesitó tiempo para observarme y evaluar mi condición. Yo era, en cierta forma, un cuerpo y una mente en estudio. Probaban medicamentos, ajustaban dosis, esperaban reacciones. No recuerdo con exactitud los nombres de los fármacos que me administraron. Sí recuerdo cómo me hacían sentir. Lejos de traer alivio inmediato, algunos provocaron mayor agitación, confusión y una inquietud que me recorría por dentro. El sueño no llegaba; cuando parecía acercarse, se fragmentaba. La ansiedad se intensificaba. El estado maníaco persistía. La energía seguía alta, y me la pasaba la mayor parte del tiempo caminando, era una energía desbordada, casi ajena a mi voluntad. Pensaba con rapidez, saltando de una idea a otra. Mis emociones fluctuaban con intensidad. En ocasiones perdía la noción del tiempo y del lugar; no sabía con claridad qué día era ni cuánto llevaba allí. Había momentos en que miraba a mi alrededor y todo parecía distante, como si estuviera separada de la realidad por una capa invisible. Esa desconexión progresiva de la realidad hacía difícil cualquier sensación de control interno, reflejando la profundidad de la crisis que atravesaba y la complejidad del proceso de estabilización.

En el proceso de recibir un diagnóstico preciso y encontrar un tratamiento adecuado, la percepción del tiempo también parecía alterarse. En ocasiones, experimentaba cambios en mis sentidos, particularmente en el gusto y el tacto. Cuando intentaba probar alimentos, el sabor se percibía extremadamente salado, generando una sensación intensa en el paladar que me resultaba complicada de tolerar. Esas experiencias aumentaban mi confusión y temor. Llegué a interpretar que algo negativo estaba ocurriendo, incluso pensando que podían estar intentando hacerme daño. Esa percepción incrementó mi angustia y me llevó a expresar el deseo de salir de ese entorno.

Recibí orientación del personal que me atendía y me indicaron los pasos a seguir como parte del proceso de evaluación y estabilización. Después de casi tres semanas hospitalizada, pedí formalmente lo que se conoce como una notificación de tres días —una solicitud de alta condicional voluntaria—. A través de ese documento manifesté mi intención de ser dada de alta. Sentía que el tiempo allí se había prolongado demasiado. No percibía mejoría clara con los medicamentos que me administraban y el encierro comenzaba a afectarme emocionalmente. Me invadía el temor y la desconfianza. Me sentía vulnerable frente a un tratamiento que no lograba comprender del todo. Desde mi estado mental alterado, estaba convencida de que debía irme. Hoy entiendo que mi capacidad para evaluar la situación no era objetiva. El episodio maníaco seguía activo, aunque yo no pudiera reconocerlo con claridad. Aquella solicitud no era solo un trámite; era el reflejo de la tensión entre mi deseo de recuperar el control y la realidad clínica que aún requería atención.

Para el mes de agosto del 2005 el hospital presentó una petición bajo la Section 12, mecanismo legal que permite la hospitalización psiquiátrica involuntaria cuando el equipo médico considera que la persona no se encuentra clínicamente estable y que su alta podría representar un riesgo para sí misma o para otros. La medida no era punitiva; era protectora. Pero en aquel momento yo no podía verlo así. La solicitud dio lugar a una audiencia en la corte de Jamaica Plain, Massachusetts. Mi estado clínico fue revisado a partir del informe del médico tratante y la documentación hospitalaria. Recuerdo estar allí, físicamente presente, pero mentalmente distante. Escuchaba términos médicos, argumentos legales, decisiones que hablaban sobre mí en tercera persona. El juez preguntó al médico tratante cuánto tiempo adicional sería necesario para lograr una estabilización adecuada. El médico respondió que entre una y dos semanas más de tratamiento intensivo y observación.

Finalmente, el juez determinó que debía permanecer hospitalizada. En ese momento sentí que perdía el control por completo. Hoy entiendo que, en realidad, lo que estaba en juego era mi seguridad. Tal como se estableció en la audiencia, permanecí hospitalizada el tiempo adicional indicado. En un período aproximado de dos semanas, mi estado comenzó a estabilizarse. No fue un cambio abrupto, sino gradual. La mente empezó a desacelerarse. Los pensamientos dejaron de atropellarse unos a otros. El miedo perdió intensidad. Finalmente, fui dada de alta, esta vez con un plan de tratamiento más claro y un seguimiento más estructurado para continuar mi recuperación fuera del hospital. Algunos de esos medicamentos no habían resultado eficaces en mi caso, me provocaron efectos secundarios significativos; experimentaba un aumento marcado de la ansiedad, cansancio constante, cambios en el apetito y un aumento progresivo de peso. También sentía disminución en mi energía, dificultad para concentrarme y una sensación general de no sentirme como yo misma.

En aquel momento, estos síntomas impactaron profundamente mi bienestar físico y emocional, haciendo el proceso de recuperación más complejo. Poco a poco empecé a notar que cada organismo respondía de manera distinta a los tratamientos psiquiátricos y que encontrar la medicación adecuada puede requerir paciencia, observación clínica y ajustes continuos. Esta experiencia me enseñó la importancia de mantener una comunicación cercana y honesta con los médicos, reportando cualquier cambio físico o emocional para que el tratamiento pueda ajustarse de forma segura, efectiva y personalizada.

Más adelante, bajo la supervisión de un nuevo psiquiatra, se realizaron modificaciones en el tratamiento. Fue entonces cuando comencé a notar una mejoría más sostenida: recuperé horas de sueño, la ansiedad disminuyó y mi pensamiento se volvió más claro y organizado. Poco a poco empecé a comprender lo que había ocurrido. No fue únicamente una mejoría clínica, sino el inicio de una nueva conciencia sobre la importancia de cuidar mi salud mental con responsabilidad y constancia.

Con el paso del tiempo entendí que mi recuperación no fue el resultado de un solo factor, sino de la unión de varios elementos esenciales: atención médica adecuada, seguimiento profesional, apoyo familiar y la presencia paciente de personas cercanas que me acompañaron durante una etapa de gran vulnerabilidad. Aprendí que el tratamiento correcto no siempre aparece de inmediato; muchas veces requiere intentos, ajustes y una comunicación continua entre paciente y profesionales. También comprendí que cada proceso de salud mental es único. Lo que funciona para una persona puede no funcionar para otra, y por eso cada caso merece una atención individualizada y cuidadosa.

Hoy sé que modificar un tratamiento sin orientación profesional puede retrasar o complicar la recuperación. La estabilidad emocional requiere seguimiento, diálogo, disciplina y humildad para reconocer cuándo algo necesita cambiar. Sobre todo, aprendí que nadie debería atravesar una crisis en soledad. La colaboración entre médicos, familia y red de apoyo no solo fortalece el tratamiento, sino que también brinda contención, esperanza y dirección cuando la persona más lo necesita.

Esa fue una de las lecciones más valiosas de esta etapa de mi vida: sanar no siempre significa hacerlo sola, sino permitir que las personas correctas caminen contigo hasta recuperar la estabilidad y volver a encontrar la luz. No estás solo. Pedir ayuda no es debilidad; es un acto de responsabilidad, valentía y cuidado personal. Cuidar tu salud mental es tan importante como cuidar tu salud física, y buscar apoyo cuando lo necesitas es una señal de sabiduría y compromiso con tu bienestar.

Capítulo 3

La fase depresiva

Cuando fui dada de alta del hospital psiquiátrico, regresé a casa con el diagnóstico del Trastorno Bipolar Tipo I. Aunque la fase aguda del episodio maníaco había sido controlada, el proceso de recuperación apenas comenzaba. Al volver a mi realidad, empezaron a manifestarse síntomas depresivos posteriores a la manía, marcando una etapa muy distinta y difícil de enfrentar.

De manera gradual, experimenté una disminución significativa de la energía, acompañada de agotamiento físico y emocional. La tristeza se volvió constante y apareció una sensación de vacío difícil de describir. Actividades básicas que antes realizaba con normalidad comenzaron a sentirse pesadas y requerían un esfuerzo considerable. La motivación disminuyó, el interés por la rutina diaria se redujo y retomar el funcionamiento habitual se convirtió en un desafío importante.

Con el tiempo, y gracias a la orientación clínica que fui recibiendo, comencé a comprender mejor lo que estaba ocurriendo. Entendí que esta condición puede presentar cambios profundos en el estado de ánimo, pasando de períodos de elevada energía, impulsividad o pensamiento acelerado, a etapas de profunda tristeza, cansancio y pérdida de interés. Esa fluctuación no era una falta de voluntad ni una debilidad personal, sino parte de una condición de salud mental que necesitaba atención especializada y seguimiento continuo.

Durante la fase maníaca, mi experiencia estuvo marcada por una intensa elevación del estado de ánimo, un aumento notable de la energía y una aceleración constante del pensamiento. Me sentía poderosa, con una confianza desbordada y la sensación de que todo era posible. Caminaba de manera incesante por los pasillos del hospital, hablaba sin parar y apenas sentía necesidad de descansar. Mis pensamientos fluían con gran rapidez; mi mente parecía incapaz de detenerse. En medio de ese estado también experimenté una profunda hiperconexión espiritual, que interpretaba como una cercanía constante con lo divino. Leía la Biblia constantemente, encontraba significados extraordinarios en cada pasaje y sentía que tenía una misión especial. Aunque mi fe estaba muy presente, también lo estaban la impulsividad, la desinhibición y una creciente desconexión de la realidad, rasgos característicos de un episodio maníaco. Esa combinación hacía difícil distinguir entre una experiencia espiritual genuina y una percepción distorsionada por el trastorno del estado de ánimo.

La transición hacia la fase depresiva fue igualmente intensa, aunque en dirección opuesta. La energía elevada dio paso a un profundo agotamiento físico y emocional. La sensación de grandeza se transformó en vulnerabilidad, y la hiperactividad mental fue reemplazada por lentitud, tristeza y una dificultad constante para encontrar sentido o motivación. Comprender que estas fluctuaciones formaban parte de un mismo trastorno y no de fallas personales o espirituales; fue un paso fundamental en mi proceso de aceptación, tratamiento y recuperación.

Durante aproximadamente tres meses pasé la mayor parte del tiempo acostada. Sentía que mi vida había perdido sentido y me invadía una sensación profunda de vacío. El agotamiento físico y emocional era tan intenso que, muchas veces me resultaba un trabajo muy arduo incluso pensar en salir o socializar. Perdí el interés por actividades que antes disfrutaba y que formaban parte de mi rutina diaria. Lo que antes generaba motivación o satisfacción dejó de producir placer.

Mi pensamiento también se vio profundamente afectado. Una voz interna crítica repetía constantemente ideas centradas en pérdida, fracaso y desesperanza. Me cuestionaba una y otra vez: "¿Dónde está el trabajo que tenías?", "¿Qué pasó con tus ahorros?", "¿Dónde quedaron tus planes?", "¿Cómo llegaste hasta aquí?". Estos pensamientos negativos reforzaban el sentimiento de fracaso y mantenían una visión distorsionada de mi realidad.

Dormía en exceso, no como una forma reparadora de descanso, sino como expresión del desgaste emocional y la falta total de energía para enfrentar el día. Todo se sentía pesado, lento y abrumador. Gran parte de mi tiempo mental estaba ocupado por rumiaciones constantes sobre el pasado, enfocándose en oportunidades perdidas y en aquello que, desde el estado depresivo en que me encontraba, creía imposible recuperar.

En medio de esa situación, una amiga cercana me visitó. Yo tenía una gran cantidad de mercancía que había comprado en descuento para revender antes de la crisis. Mi amiga al ver la cantidad de mercancía, me propuso una idea práctica y solidaria: organizar una actividad en su casa en la que podía presentar los productos y venderlos a través de actividades, así salía de una parte de los productos. Acepté su sugerencia y nos reunimos para seleccionar los productos y preparar la actividad. La actividad se realizó en su casa un fin de semana. Asistieron muchas amigas a quienes ella había invitado. Fue una experiencia positiva: compartimos un buen momento, logré vender varios artículos y esa noche regresé a casa con trescientos dólares en efectivo en el bolsillo. Aunque emocionalmente aún me sentía desanimada, ese pequeño logro me dio ánimo para seguir intentando avanzar.

Sin embargo, al día siguiente ocurrió una situación que evidenció lo vulnerable que todavía me encontraba. Fui a recoger a mi hermana a un programa y, al retroceder el vehículo, toqué levemente el automóvil que estaba detrás del mío. El impacto fue mínimo y no causó daños reales. Aun así, el dueño del vehículo comenzó a gesticular de forma insistente, dando a entender que su carro había sido chocado, cuando en realidad ya se encontraba en condiciones deterioradas. Yo estaba aturdida, confundida y emocionalmente frágil. Aunque la depresión ya no era tan intensa, aún no tenía la claridad necesaria para tomar decisiones. Desde ese estado de vulnerabilidad acepté entregar los trescientos dólares que había ganado en la actividad y acordamos que él pasaría por mi casa al día siguiente a recoger el dinero.

Cuando llegó ese día, me sentía completamente perdida y desorientada. Salí de mi casa sin un rumbo claro y, movida por un impulso, decidí dirigirme a la vivienda de una vecina a quien había visto en varias ocasiones en el vecindario, pero a quien nunca había visitado. Al llegar a su puerta, me recibió con gran amabilidad. Al conversar con ella, le expresé lo que me estaba ocurriendo: me sentía vulnerable, confundida y emocionalmente sobrecargada, sin claridad para tomar decisiones ni para comprender plenamente mis propios pensamientos. A esa sensación se sumaba una tensión constante y persistente relacionada con la preocupación por tener que entregarle trescientos dólares a un hombre a quien no conocía, dinero que había obtenido previamente durante la actividad realizada. Esa responsabilidad, que en otro momento habría manejado con serenidad, se percibía entonces como una carga desproporcionada, intensificando mi sensación de inseguridad y descontrol. En ese estado, buscaba contención más que soluciones. Necesitaba ser escuchada, comprendida y sostenida emocionalmente, aun cuando no lograba articular con claridad lo que estaba viviendo. Aquella visita improvisada reflejaba el nivel de desorientación y fragilidad emocional que atravesaba en ese momento de mi proceso.

Al escucharme con atención, la vecina tomó la iniciativa de llamar de inmediato a un pastor que se encontraba en Santo Domingo. Con voz firme y segura expresó una frase que, en ese momento, resonó con fuerza en mí: "Espérate, el enemigo —el diablo— no va a seguir jugando contigo; se le acabó su juego." A continuación, realizaron una oración intensa, cargada de intención y acompañamiento. Por primera vez en varios días, experimenté una sensación profunda de alivio, tranquilidad y paz.

Aquel momento no representó una solución inmediata ni sustituyó el tratamiento médico necesario para el diagnóstico; sin embargo, sí constituyó un espacio de contención emocional y espiritual que me permitió calmar la mente, disminuir la ansiedad y sentirme acompañada en medio de la confusión. Esa experiencia puso de manifiesto el valor del apoyo emocional y de la comunidad, especialmente en contextos de crisis de salud mental. La presencia de personas dispuestas a escuchar, a sostener y a acompañar —ya sea desde lo profesional, lo familiar, lo comunitario o lo espiritual— puede marcar una diferencia significativa en la vivencia de la condición. Estos espacios de apoyo no reemplazan la intervención clínica, pero la complementan, ofreciendo un sostén humano que ayuda a recuperar la calma, la esperanza y la capacidad de continuar el proceso terapéutico con mayor estabilidad.

Al regresar a casa, el señor del incidente había pasado a buscar el dinero. No me encontró y dejó una nota en la que indicaba que no había podido localizarme y que reportaría el incidente al seguro. Sentí paz. Decidí no responder, no continuar el contacto y soltar la situación. Nunca volví a saber de él ni recibí noticias de la aseguradora del carro.

A lo largo de los años he sido muy bendecida. Tengo una familia maravillosa y personas extraordinarias que han llegado a mi vida en distintos momentos y procesos. Cada una, a su manera, han aportado apoyo, palabras de aliento o dirección cuando más lo necesitaba. Dios ha sido mi roca y mi sostén, luego mi madre ha sido mi apoyo inmediato, mis hijos, mis hermanos, sobrinos y familia en general han sido un pilar fundamental en mi vida. En especial mi hermana y mi madre me animaban con amor, diciéndome: "Tienes que seguir adelante." De manera constante me animaban a levantarme de la cama y a continuar, incluso cuando yo no me sentía lista ni con fuerzas para enfrentar el mundo.

Hacia octubre del 2005 salí a tomar aire fresco frente a mi casa. Una vecina, cuyo nombre no recuerdo, comenzó a conversar conmigo. Con mucha naturalidad me dijo: "Sigue adelante, busca un trabajo aunque sea de medio tiempo en algunas de las tiendas cercanas. Y no tengas miedo de solicitar las ayudas que ofrece el Estado; para eso existen, especialmente ahora que no estás trabajando." En mi mente no existía la posibilidad de recurrir a apoyo externo o a recursos estatales, aun cuando mi realidad había cambiado de manera drástica.

Sin embargo, sus palabras tocaron una parte profunda de mí.

Hasta poco tiempo antes, yo había sido una joven profundamente enfocada, llena de metas claras y en constante movimiento hacia mis sueños. Me caracterizaba por trabajar con disciplina, intención y compromiso. En cada empleo daba lo mejor de mí, no por competir con otros, sino porque mi mayor competencia siempre he sido yo misma. Procuraba superarme continuamente, elevar mis estándares y desempeñar cada responsabilidad con excelencia. Mis objetivos estaban bien estructurados, y cada paso que daba respondía a una visión definida de crecimiento personal, familiar y profesional.

Durante esa etapa también me sentía altamente favorecida. Había logrado estabilidad laboral, contaba con un salario módico, beneficios y un entorno profesional sólido. Además, a lo largo del camino siempre tuve la bendición de encontrar personas valiosas que, aunque en ocasiones solo estuvieron por una temporada, dejaron huellas positivas en mi vida y contribuyeron de distintas maneras a mi desarrollo. La Merary que se encontraba hablando en ese momento con la vecina ya no era la misma joven llena de energía, enfoque y seguridad que había sido antes. En ese momento me encontraba emocionalmente agotada, con la mente desenfocada y con una disminución notable de la motivación. La diferencia entre quien había sido y quien era en ese instante resultaba evidente para mí y el que me conocía.

Siguiendo el consejo de la vecina, al día siguiente fui al centro comercial de Dedham, Massachusetts, y entré a una tienda de zapatos. Casi de inmediato me ofrecieron un empleo de medio tiempo como cajera. Comencé a levantarme cada día para cumplir con ese trabajo, intentando retomar una rutina y avanzar nuevamente. Sin embargo, internamente me sentía vacía. Tenía la sensación de no pertenecer a ese lugar, como si aquella posición no reflejara plenamente quién era yo ni todo lo que había construido con esfuerzo durante los años anteriores.

Aun así, seguía intentando avanzar.

Los días de pago se habían convertido en momentos de gran desánimo. Recibía el salario mínimo, insuficiente para cubrir mis gastos, la renta y las responsabilidades financieras que seguían acumulándose. Cada semana representaba un desafío enorme: levantarme, ir a trabajar, cumplir con mis tareas e intentar, sin éxito, equilibrar ingresos y deudas. Todo parecía imposible. No recuerdo con exactitud cuánto tiempo pasó, pero un día, profundamente frustrada y decepcionada con mi situación económica, me dirigí a la oficina de la supervisora que estaba de turno. Le dije que ya no iba a continuar trabajando allí y que, si querían que permaneciera en la compañía, tendrían que pagarme una cantidad mucho mayor. Tomé un papel y comencé a escribir una cifra desproporcionada: millones. No recuerdo la cantidad exacta, solo que eran muchos ceros. La supervisora me miró con asombro, sin entender lo que estaba ocurriendo. Finalmente me preguntó:

—Alfa, ¿qué está pasando?

No respondí. Simplemente regresé a mi casa.

En menos de veinte minutos recibí una llamada de otra supervisora, quien quería saber las razones de mi renuncia tan repentina. Luego intentó convencerme de que regresara al trabajo. Mis explicaciones le parecían vagas, y ella insistía en que no debía abandonar el empleo de esa manera. En ese período volví a entrar en un episodio maníaco. Había dejado de tomar la medicación, convencida de que ya no la necesitaba. Esa decisión, sumada al estrés, la frustración y la falta de claridad mental, terminó conduciendo a una nueva recaída. Poco tiempo después fui hospitalizada nuevamente en el mismo hospital psiquiátrico de Boston, Massachusetts, donde había sido internada la primera vez. Esta experiencia reafirmó una lección crucial en mi proceso de recuperación: interrumpir el tratamiento sin supervisión médica puede tener consecuencias graves. La estabilidad momentánea no significa que la condición haya desaparecido. Comprendí que la humildad, la constancia en el tratamiento y el acompañamiento profesional son tan necesarios como la fe y la voluntad de salir adelante.

Durante esta segunda recaída, mi psiquiatra principal en ese entonces me enfatizó la importancia de mantenerme adherida al tratamiento. Me explicó con claridad que algunos medicamentos podrían provocar efectos secundarios, pero que ella estaría en constante monitoreo y realizaría análisis de sangre periódicos para monitorear mi salud y prevenir cualquier complicación. La psiquiatra también enfatizó de manera constante la importancia de adoptar un estilo de vida saludable como parte esencial de mi estabilidad. Me orientaba a incorporar el ejercicio físico de forma regular, a mantener adherencia al tratamiento farmacológico y a cuidar mis hábitos diarios. Al mismo tiempo, reconocía el valor que tenía mi fe como un recurso de fortaleza y equilibrio en mi proceso. En el momento en que fui ingresada nuevamente al hospital de salud mental, la psiquiatra no fue informada ni contactada por el personal de la institución para crear un plan de tratamiento congruente con mi historial. Durante esta hospitalización se me indicó un tratamiento diferente, el cual me provocó efectos adversos. Entre ellos se encontraba un aumento del estado de ánimo que, en lugar de ayudarme, contribuyó al empeoramiento de mis síntomas.

Esta experiencia me permitió comprender cuán importante es la comunicación entre los equipos médicos, la familia y todos los profesionales involucrados en el cuidado del paciente. La continuidad del tratamiento psiquiátrico es fundamental para evitar decisiones descoordinadas que puedan afectar la estabilidad de la persona. Con el tiempo, la psiquiatra se trasladó fuera del estado de Massachusetts. Antes de partir, se aseguró de dejar mi cuidado en manos de la doctora Catherine González, quien continúa siendo mi psiquiatra hasta el día de hoy. Esta transición, realizada con responsabilidad y cuidado, me permitió mantener la estabilidad clínica y reforzó en mí la importancia de contar con un seguimiento médico constante y comprometido.

El cuidado de mi salud mental no ha sido un proceso lineal ni sencillo. Ha estado marcado por avances y retrocesos, recaídas y aprendizajes que hoy puedo comprender con mayor claridad y, sobre todo, con más compasión hacia mí misma. Con el tiempo he entendido que un diagnóstico como el Trastorno Bipolar Tipo I no define el valor de una persona; sin embargo, sí requiere responsabilidad, educación y seguimiento continuo.

También he aprendido que los episodios maníacos y depresivos no son fallas de carácter ni reflejo de una falta de fe, sino manifestaciones clínicas que necesitan atención profesional, tratamiento adecuado y acompañamiento constante. Mi fe ha sido una fuente profunda de esperanza y fortaleza, pero igualmente he comprendido que no sustituye el rol esencial de la medicina. La estabilidad comenzó cuando logré integrar ambos enfoques como partes complementarias de un mismo proceso de sanación.

En este camino, el acompañamiento de la doctora González ha sido fundamental. Durante un periodo prolongado, ha estado a cargo de mi cuidado psiquiátrico, realizando un seguimiento cercano y responsable de mi evolución. Se ha asegurado de que la medicación sea adecuada y efectiva, haciendo los ajustes necesarios cuando ha sido requerido. Además, ha promovido la participación activa de mi familia y de mi red de apoyo en el proceso, integrándolos como observadores y colaboradores en mis citas periódicas.

Mirándolo ahora, sé que cuando un profesional de la salud mental ejerce su labor con compromiso, sensibilidad y atención individualizada, el tratamiento se fortalece significativamente. Incluir a los apoyos naturales no solo mejora la adherencia al tratamiento, sino que también crea un entorno de contención, comunicación y seguimiento que favorece la estabilidad a largo plazo. Esta experiencia reafirmó en mí la importancia de un cuidado integral, donde la persona no es tratada de forma aislada, sino dentro de su contexto familiar, emocional y social.

También he comprendido la importancia del apoyo comunitario y familiar. Las palabras oportunas, la presencia constante, las ideas prácticas y el acompañamiento emocional han sido tan necesarios como el tratamiento clínico. Sanar no ocurre en aislamiento; ocurre cuando aprendemos a pedir ayuda, a recibirla y a reconocer nuestros propios límites.

Para quienes atraviesan situaciones similares —y para quienes acompañan a alguien con un diagnóstico de salud mental— este capítulo es una invitación a romper el estigma, a informarse y a actuar con empatía. La recuperación muchas veces es un proceso lento que necesita paciencia y seguimiento constante.

Hoy sé que la verdadera fortaleza no consiste en no caer, sino en levantarse con mayor conciencia, con apoyo y con las herramientas adecuadas. Este capítulo no marca el final de la lucha, sino el inicio de una comprensión más profunda de lo que significa vivir, cuidarse y seguir avanzando, incluso en medio de la adversidad.

Capítulo 4

El regalo que Dios me entregó

Una de mis mayores frustraciones durante ese período fue no poder formar la familia que tanto anhelaba. Ya era madre de mi hijo Billy, quien representaba una bendición inmensa en mi vida, pero tenía el deseo profundo también de tener una hija, mi "princesa". Durante aproximadamente cinco años, mi mente y mi energía estuvieron centradas en metas muy claras: traer a mi hijo y a mi madre a Estados Unidos, completar mis estudios universitarios, fortalecer mi dominio del idioma inglés y construir una base sólida de estabilidad emocional y económica.

Una vez alcanzados esos objetivos, comencé a redefinir mis propósitos de vida. Entonces volvió a surgir con fuerza el deseo de formar una familia más completa. Quería tener una hija. Durante años había orado a Dios pidiendo la oportunidad de recibir esa princesa que tanto soñaba. Seis años más tarde, Dios respondió a esa oración con el regalo de mi hija Meralyz. También anhelaba comprar una casa, otro símbolo de estabilidad, continuidad y proyección hacia el futuro. Mirándolo ahora, sé que cada etapa de mi vida había tenido su propósito, y que los tiempos —aunque a veces dolorosos— también preparan el terreno para nuevos comienzos.

En el año 2007, después de atravesar mi segunda recaída y de mantener un seguimiento constante de mi tratamiento psiquiátrico con la doctora González, comencé a entrar en una etapa de mayor estabilidad. Durante ese proceso, mi madre —siempre atenta a mi bienestar— me sugirió buscar un empleo que me ayudara a retomar una rutina estructurada y saludable. Siguiendo su consejo, apliqué para trabajar en un Supermarket, ubicado en la ciudad de Westwood, Massachusetts. Ella misma me acompañó a la tienda y me presentó al supervisor de turno, quien me entrevistó ese mismo día y me ofreció el trabajo. Recibí entrenamiento como cajera y, pocos días después, ya estaba desempeñando ese puesto.

De manera paralela, continuaba asistiendo a la iglesia pastoreada por el pastor Eligio Martínez, un lugar en el que me sentía parte de la familia de Cristo desde mi primera recaída. Allí encontré una comunidad estable, apoyo espiritual y un profundo sentido de pertenencia que complementaba de forma positiva mi tratamiento médico y mi proceso de recuperación.

Más allá de ser un espacio de congregación, la iglesia representaba para mí una familia espiritual. Se vivía un ambiente genuino de comunión, hermandad, unidad y amor sincero, difícil de describir con palabras. Dentro del grupo de damas compartimos alegrías, desafíos, desaciertos y testimonios de vida, acompañándonos mutuamente con empatía y respeto. Nos animamos unas a otras en la fe, ofreciendo palabras de aliento en los momentos complicados y celebrando juntas cada avance alcanzado.

A finales del año dos mil nueve, conocí en la iglesia a un joven al que llamaré "X". Nuestras primeras conversaciones surgieron mientras intentábamos ayudar a otro joven de la comunidad. Con el tiempo intercambiamos nuestros números de teléfono y comenzamos a conversar y a escribirnos con frecuencia. Nuestra relación fue creciendo poco a poco. Con los años sentimos que una nueva etapa de nuestras vidas comenzaba, y finalmente decidimos contraer matrimonio. Hablábamos a menudo de mi profundo deseo de tener una hija, de cómo imaginábamos a esa princesa que tanto anhelábamos. Conversábamos con detalle sobre cómo nos gustaría que fuera: sus ojos, el tono de su piel, su sonrisa, su cabello. Pedíamos que fuera saludable y temerosa de Dios, sabia e inteligente. De manera inesperada, apenas un mes después de aquellas conversaciones y oraciones, recibimos la noticia de que estaba embarazada. La emoción que experimenté fue profunda y difícil de describir con palabras sencillas. Sentí una alegría serena pero intensa, una mezcla de asombro, gratitud y esperanza que me inundó por completo. Era como si, después de un largo período de incertidumbre y dolor, la vida me estuviera ofreciendo un nuevo comienzo.

Sentía el corazón lleno de regocijo. No se trataba solo de la expectativa de una nueva vida, sino de la profunda certeza de que mis oraciones habían sido escuchadas. Aquella noticia despertó en mí un renovado sentido de propósito, una conexión espiritual más profunda y una gratitud inmensa hacia mi Padre celestial. Ese momento me devolvió la confianza para volver a soñar. Comprendí que, incluso después de atravesar la adversidad, siempre existe la posibilidad de creer de nuevo y de abrir el corazón a la esperanza. Mi embarazo se convirtió en un recordatorio de que los tiempos de Dios, aunque a veces distintos a los nuestros, tienen un propósito perfecto.

Durante el embarazo asumí con responsabilidad los cuidados médicos necesarios. Asistía regularmente a mis controles prenatales y seguía con atención las indicaciones de los profesionales de la salud, con el propósito de favorecer el desarrollo saludable de mi bebé y preservar también mi propio bienestar. Me mantuve comprometida con el seguimiento médico, consciente de la importancia de la prevención y del cuidado constante durante esta etapa.

Sin embargo, en el año dos mil once, aproximadamente a las veintiocho semanas de gestación, ocurrió algo inesperado. Después de una consulta prenatal de seguimiento en la que recibí por primera vez la vacuna contra la influenza, comencé a experimentar síntomas físicos significativos que marcaron un cambio en el curso del embarazo. Aquellos síntomas requirieron atención médica adicional y dieron inicio a una nueva etapa de evaluaciones y cuidados, tanto para mi salud como para la de mi bebé. Al día siguiente de haber recibido la vacuna, noté una inflamación en una de las articulaciones de mi mano derecha, comenzando en un dedo. En menos de una semana, la inflamación se fue extendiendo de manera progresiva, afectando otras articulaciones y, poco después, gran parte de mi cuerpo. La rapidez con la que avanzaron los síntomas evidenciaba un deterioro preocupante de mi estado físico, lo que generó una creciente inquietud tanto para mí como para los médicos que comenzaron a evaluarme.

De manera simultánea, comencé a desarrollar una fiebre persistente que no cedía con las medidas habituales, acompañada de un enrojecimiento generalizado de la piel, similar a una reacción alérgica. Estos síntomas, intensos y continuos, afectaron considerablemente mi movilidad, mi nivel de energía y mi capacidad para realizar incluso las actividades más básicas. La combinación de la inflamación progresiva en las articulaciones, la fiebre constante y las manifestaciones en la piel llevó a que los médicos realizaran una evaluación más exhaustiva. A partir de ese momento comenzó una etapa compleja de atención durante el embarazo, que requirió estudios adicionales, monitoreo constante y ajustes cuidadosos en el tratamiento para proteger tanto mi salud como la de mi bebé.

Mi condición empeoró cada día. Mi esposo para ese entonces al verme en ese estado, decidió llevarme al hospital, donde fuí ingresada de inmediato a la sala de emergencias para realizar evaluaciones adicionales. Durante el resto del embarazo estuve sometida a constantes pruebas médicas, tanto de día como de noche. La fiebre no cedía y comencé a presentar contracciones provocadas por el estado febril persistente. Mi habitación permanecía en continua actividad: médicos, enfermeras y personal de cuidado entraban y salían constantemente, intentando encontrar la causa de lo que estaba ocurriendo. El equipo médico no lograba identificar con claridad el origen del cuadro. Se consideraron múltiples diagnósticos y se realizaron numerosos estudios, incluidos análisis de sangre frecuentes y ultrasonidos dos e incluso tres veces al día.

En ese momento, los médicos decidieron no realizar una cesárea inmediata, debido a la preocupación por el desarrollo neurológico de la bebé.

Entre los momentos más intensos de esa etapa, recuerdo con claridad las ocasiones en que la fiebre se elevaba y una sensación profunda de frío se apoderaba de mi cuerpo. Durante ese período permanecía bajo cuidado constante, con personal de asistencia disponible las veinticuatro horas del día para ayudarme con mis necesidades básicas, acompañarme a movilizarse y asistir cuando mi estado físico me impedía hacerlo por mí misma. En medio de esos episodios de fiebre, cuando el malestar aumentaba y el cuerpo comenzaba a temblar, había una persona del equipo de cuidado que reaccionaba de una manera particular. Con una voz suave y melódica comenzaba a cantar la canción "Un día a la vez". Aquella melodía tenía un efecto inesperado en mí: la desesperación que provocaban la intensidad de la fiebre disminuía, el estrés se reducía y mi respiración comenzaba a estabilizarse poco a poco.

Algo parecido ocurría cuando mi hermana venía a visitarme. En esos momentos de vulnerabilidad, cuando la fiebre volvía a subir, le pedía que cantara. Su voz se convertía en un verdadero bálsamo para mi espíritu. Después de recibir la medicación para controlar la fiebre, ser envuelta en una toalla tibia y escuchar esas canciones llenas de calma y fe, mi cuerpo comenzaba lentamente a responder. Poco a poco lograba estabilizarse y, en medio de la incertidumbre, aparecía una pequeña luz de esperanza.

Aquellas experiencias me hicieron comprender que incluso en momentos de enfermedad y fragilidad extrema, la presencia humana, la compasión y los gestos de cuidado emocional pueden tener un impacto profundo en el proceso de recuperación. La música, la voz y el acompañamiento se convirtieron en una forma de sostén que trascendía lo físico y me recordaban, incluso en los momentos más difíciles, que no estaba sola.

Después de aproximadamente un mes y medio de hospitalización, recibí un diagnóstico médico inesperado: Enfermedad de Still del adulto, una condición inflamatoria poco común de la que nunca había oído hablar. Los síntomas que presentaba eran severos: fiebre alta persistente, erupciones cutáneas, dolor intenso en las articulaciones e inflamación generalizada. A pesar de recibir tratamiento médico especializado y acompañamiento clínico constante, atravesé varios días de dolor intenso que me impedían dormir o realizar incluso las actividades físicas más básicas. El agotamiento era profundo y mi cuerpo parecía no tener fuerzas.

El cuatro de febrero del 2011 nació de manera prematura nuestra hija. Su llegada representó un verdadero milagro en mi vida. No solo por las complejas condiciones médicas que atravesé durante el embarazo, sino porque, a pesar de todas las adversidades, la pequeña llegó a este mundo sana, fuerte y resiliente.

Posteriormente, como consecuencia de los medicamentos utilizados para tratar la enfermedad y del impacto físico y emocional de todo el proceso, desarrollé depresión posparto. Esta condición se vio acompañada por una recaída en el trastorno bipolar tipo I y por un dolor articular persistente, lo que derivó en una nueva hospitalización psiquiátrica durante ese mismo año. Mientras yo recibía tratamiento de salud mental, mi hija permaneció en la unidad de Cuidados Intensivos Neonatales del hospital para completar su desarrollo durante una o dos semanas más. Fue un momento difícil: mientras ella luchaba por fortalecerse en el hospital, yo era trasladada a un centro psiquiátrico para continuar mi propio proceso de tratamiento. La recuperación después del alta fue gradual y desafiante. Durante ese período, incluso tareas aparentemente simples —como sostener el biberón de mi hija— se volvían difíciles para mí.

En ese tiempo fue fundamental el apoyo práctico y constante de mi familia. Mi madre, mi hermana, mi sobrina Selomith Sánchez y una vecina cercana organizaron la ayuda diaria necesaria para el cuidado de mi bebé. Mi sobrina y la hija de la vecina colaboraban con tareas sencillas pero esenciales, como sostener a la niña y encargarse de su alimentación. Gracias a ese apoyo pude descansar y concentrarme en mi recuperación. Aquel acompañamiento tangible se convirtió en un pilar decisivo para recuperar poco a poco mi estabilidad y bienestar.

Antes de continuar, siento la necesidad de hacer una pausa para reconocer a mis hijos y mi madre como los verdaderos héroes de esta historia. Mi madre ha tenido que ser fuerte y presente para ser apoyo constante con la casa y mis hijos en los momentos que mi condición de salud ha sido difícil. Mis hijos también han enfrentado con valentía y fortaleza momentos que ningún niño debería tener que atravesar. Vivieron la incertidumbre, la soledad y el miedo de ver a su madre hospitalizada durante más de tres semanas en una unidad psiquiátrica. Y aun así, siguieron adelante. Con el apoyo de mi familia, continuaron asistiendo a la escuela, cumplieron con sus responsabilidades académicas y enfrentaron cada día con una madurez y una resiliencia que hoy reconozco con profundo respeto y admiración.

Hoy, mi hija es una adolescente llena de luz, con un profundo amor por la música y un compromiso genuino con el servicio en la iglesia. Mi hijo, por su parte, se ha convertido en un adulto responsable, resiliente y consciente.

Acompañar el crecimiento de ambos me ha permitido comprender, desde una experiencia profundamente humana, las distintas etapas del desarrollo y la importancia de estar presentes en cada una de ellas con amor, paciencia, límites saludables y comprensión.

Escuchar sus historias con el paso del tiempo fue profundamente revelador. Al participar en presentaciones escolares y en distintos espacios educativos, pude comprender el impacto silencioso que aquellos momentos tuvieron en sus vidas. Escuchar a mi hijo ya en su adultez, expresar la frustración que sintió al no entender lo que estaba ocurriendo a sus 9 años, ni saber cómo ayudarme fue profundamente conmovedor. Su testimonio me abrió los ojos a una realidad que con frecuencia permanece invisibilizada: el impacto emocional que las crisis de salud mental pueden tener en la familia especialmente en los hijos.

De igual manera, escuchar a Meralys relatar, durante la presentación de un programa extracurricular, lo profundamente preocupada que se sentía al saber que su madre estaba hospitalizada en un centro psiquiátrico tocó mi corazón de una manera especial. En su relato contaba cómo, en medio de esa incertidumbre, encontraba refugio en la consejera de la escuela, quien le ofrecía escucha, contención y palabras de esperanza. Fue entonces cuando pude ver, con mayor claridad, que mientras yo luchaba por recuperar mi estabilidad, mis hijos también libraban sus propias batallas emocionales muchas veces en silencio.

En esa etapa fue fundamental el apoyo de los maestros de las escuelas donde asistían, quienes se mantuvieron atentos al bienestar académico y emocional de ambos. En especial la directora de la escuela donde Meralyz asistía, siempre mantuvo sus puertas abiertas para facilitar el acceso a recursos como programas de verano y actividades después de clases, asegurando que mi hija contará con un acompañamiento constante fuera del horario escolar. Siempre me he sentido profundamente bendecida al saber que mis hijos estuvieron rodeados de educadores comprometidos, sensibles y presentes, que caminaban de cerca con nuestra familia en momentos de gran vulnerabilidad.

Mirar hoy ese recorrido me reafirma que la resiliencia no se construye en aislamiento. Se forja en comunidad: en la presencia de adultos atentos, en sistemas educativos comprometidos y en vínculos que sostienen cuando la vida se sacude. Mis hijos no sólo sobrevivieron a aquellos momentos; crecieron, aprendieron y se fortalecieron. Por eso hoy los honro no solo como mis hijos, sino como ejemplos vivos de fortaleza, perseverancia y esperanza.

Con el paso de los años, comenzó a surgir en mí el deseo de retomar mis estudios universitarios. Entonces me encontré con una carta que me escribió mi ex-cuñada cuando tuve la primera crisis de salud mental, en ella me animaba a continuar desde donde me había quedado, sin sentir que debía empezar desde cero. Esa reflexión me ayudó a reconocer que ya había completado dos grados asociados en Contabilidad y Administración de Empresas y que el siguiente paso era avanzar hacia el bachillerato.

En el año 2013, una trabajadora social me orientó y me ayudó a acceder a los recursos necesarios para matricularme nuevamente en la universidad. Así comencé mis estudios en Psicología en la Universidad de Massachusetts Boston (UMass Boston), con el propósito de comprender la salud mental de una manera más profunda: no solo desde mi experiencia personal con el trastorno bipolar tipo I, sino también desde una perspectiva académica y profesional.

Durante ese mismo período, mi hermana me animó a aplicar a la posición de compañera de familia en la agencia comunitaria donde ella trabajaba. Así lo hice, apliqué y fui entrevistada, evaluada y finalmente contratada, iniciando así una trayectoria laboral que resultó profundamente significativa para mí. Brindaba acompañamiento a padres y cuidadores de niños y adolescentes con necesidades emocionales, conductuales y de salud mental. Ofrecía apoyo, orientación, defensa de servicios, coordinación con escuelas y proveedores, fortalecimiento parental y conexión con recursos comunitarios. Este trabajo representó mucho más que una oportunidad laboral. Se convirtió en una verdadera vocación, un espacio donde mi historia personal, mi formación académica y mi deseo de servir encontraron un propósito claro.

Trabajar en esta agencia me llenaba de regocijo y de un profundo sentido de propósito. Cada vez que lograba acompañar a una familia a encontrar luz en medio de la adversidad, a redescubrir sentido cuando todo parecía gris, o a comprender los factores que influyen en el comportamiento de sus hijos y en la dinámica familiar, confirmaba que estaba exactamente donde debía estar. En este lugar de trabajo encontré no solo un espacio de crecimiento profesional, sino también un entorno de apoyo humano. Conté especialmente con el respaldo de mis supervisoras a quienes podía acudir con confianza y apertura. Ambas conocían mi historial de salud mental y me ofrecían comprensión, apoyo genuino y flexibilidad en los momentos en que reconocía la necesidad de hacer una pausa y priorizar mi bienestar. Su liderazgo empático reafirmó en mí la importancia de construir entornos laborales que valoren no solo el servicio a la comunidad, sino también el cuidado de quienes acompañan a otros.

Esta experiencia fortaleció mi convicción de que el acompañamiento auténtico —basado en la vivencia, la formación y la compasión— puede generar cambios reales y duraderos en la vida de las familias. Servir desde este rol no solo impactó a quienes acompañé; también contribuyó profundamente a mi propio proceso de sanación, crecimiento y sentido de propósito.

Mi experiencia personal, combinada con mi formación académica, me permitió desarrollar una mayor empatía, fortalecer la escucha activa y adquirir herramientas prácticas para apoyar a otros desde un enfoque tanto profesional como humano. Estudiar Psicología me permitió comprender mejor el desarrollo humano, la regulación emocional, el impacto del trauma, la importancia de un tratamiento adecuado y el valor de las redes de apoyo.

He aplicado estos conocimientos tanto en mi vida personal como en el trabajo comunitario, promoviendo la estabilidad, la prevención y el bienestar integral.

Este capítulo no es únicamente el relato de un milagro, sino también el testimonio de un proceso profundo de sanación y crecimiento. Solo años después pude ver que la fe, el tratamiento médico adecuado, el apoyo comunitario, la educación y la perseverancia no se excluyen entre sí; por el contrario, se fortalecen mutuamente. Fue la combinación de estos pilares la que me permitió sostenerme en los momentos de mayor vulnerabilidad y avanzar con mayor conciencia, equilibrio y esperanza.

Con esta reflexión cierro un capítulo que marcó profundamente mi historia. No como un punto final, sino como el comienzo de una comprensión más madura del propósito, la resiliencia y la esperanza que pueden surgir incluso en medio de la adversidad y vulnerabilidad. Hoy continúo mi camino con mayor conciencia, humildad y fe, confiando en que cada experiencia, aun las más dolorosas puede transformarse en aprendizaje, servicio y testimonio para otros.

Capítulo 5

La ansiedad y sus desencadenantes

Uno de los momentos que impulsó de manera decisiva mi regreso a la universidad ocurrió en el año 2012. La trabajadora social que atendía a mi familia me orientó y me ayudó a acceder a recursos educativos. Como parte del proceso, era necesario completar un formulario que debía ser firmado por un supervisor o por alguien que pudiera ofrecer una referencia laboral.

Después de casi cuatro años trabajando en el supermercado que mencioné anteriormente, me acerqué al supervisor de turno y le expliqué mi deseo de ingresar a la universidad. Le pedí que, por favor, firmara el formulario.

Su respuesta fue directa y desconcertante:

—No puedo firmar esa forma.

No entendía absolutamente nada, así que le pregunté la razón. Él respondió, de manera firme, que no podía completar el formulario y no ofreció ninguna explicación adicional. Aquellas palabras me dejaron paralizada. En ese instante, mi mente comenzó a girar con rapidez, cuestionando todo. Me preguntaba cómo era posible que, después de cuatro años de trabajo arduo y constante, ese supervisor no podía describir quién era yo profesionalmente ni respaldar el esfuerzo, la dedicación y el compromiso que había demostrado de manera sostenida.

Esa experiencia fue reveladora. Me permitió reconocer, con claridad y sin negación, que mi trabajo no estaba siendo valorado en un espacio donde había entregado lo mejor de mí, trabajando con amor, responsabilidad y propósito. Comprendí que no se trataba de una limitación personal, sino de un entorno que ya no podía ofrecerme crecimiento, reconocimiento ni proyección profesional. Finalmente logré obtener la firma de otro supervisor y, al mismo tiempo, confirmé que había llegado el momento de avanzar hacia un nuevo horizonte. Decidí no permanecer en un lugar donde mi aporte era invisibilizado. En cambio, opté por transformar aquella experiencia en un impulso para seguir preparándome, fortalecer mi formación y buscar oportunidades más alineadas con mis valores y mi vocación de servicio.

Fue en ese momento cuando por recomendación de mi hermana, empecé a trabajar en la agencia de la comunidad. Paralelamente, comencé mis estudios de bachillerato en Psicología, convencida de que la educación y la preparación constante son herramientas esenciales para abrir nuevas puertas. En ese mismo período, mi hija Meralyz —quien ya era una parte fundamental de mi historia— asistía al pre-K. Su crecimiento acompañaba, de manera simbólica, una etapa de transición y renovación en mi propia vida.

Al mirar atrás, reconozco que la actitud de aquel supervisor, lejos de detenerme, terminó impulsándome a avanzar, a creer aún más en mis capacidades y a buscar espacios donde pudiera desarrollarme plenamente. Esa experiencia me enseñó que saber cuándo cerrar una etapa también es un acto de valentía, y que prepararse para nuevos horizontes es una forma poderosa de honrar el propio valor y propósito.

En muchas ocasiones mientras trabajaba con los padres en la agencia de la comunidad, yo estaba presente, disponible y comprometida la mayor parte del tiempo. Esa exposición constante a las dificultades de los demás comenzó a afectar mis propias emociones y pensamientos. Estar rodeada diariamente de historias de sufrimiento, preocupación y crisis empezó a tener un impacto silencioso en mi mundo interior. Con el tiempo supe que, aunque mi intención siempre fue ayudar, no había establecido límites saludables. Respondía cada llamada, atendía cada crisis y me mantenía emocionalmente disponible de manera constante. Poco a poco, las cargas emocionales de los demás comenzaron a influir en mis propias creencias y en mi bienestar, afectando mi optimismo, mi sentido de seguridad y mi equilibrio interno. Aprendí que la empatía, cuando no está acompañada de límites claros y de un adecuado autocuidado, puede transformarse en desgaste emocional.

A pesar de ello, continué estableciendo metas personales claras. Entre ellas se encontraban encontrar un nuevo empleo y lograr la adquisición de una vivienda que representara estabilidad para mi familia. En oración, describe con detalle el hogar que anhelaba: tres habitaciones, una marquesina, patio, sótano y un espacio que simbolizara descanso, seguridad y permanencia. Con ese propósito, y desde una posición más consciente y reflexiva, comencé a postular a programas de vivienda asequible en distintas ciudades de Massachusetts a partir del año 2020. Estaba convencida de que avanzar hacia metas concretas también formaba parte de mi proceso de sanación, equilibrio y crecimiento personal.

En el año 2022 recibí llamadas de varios programas de vivienda informando que había sido seleccionada a través del sistema de lotería. A lo largo de ese año se me ofrecieron aproximadamente siete viviendas ubicadas en Boston, Bridgewater y otras ciudades. Sin embargo, ninguna de esas opciones cumplía plenamente con las características que había pedido en oración y que consideraba necesarias para que el hogar representara un verdadero espacio de estabilidad y bienestar para mi familia. Cada vez que visitaba alguna de estas casas o apartamentos, la ansiedad comenzaba a intensificarse. A pesar de contar con el acompañamiento constante de una terapeuta, quien me brindaba apoyo emocional, orientación y me ayudaba a analizar de manera objetiva los aspectos positivos y las limitaciones de cada alternativa, el estrés y la ansiedad terminaban predominando sobre mi deseo de avanzar. Muchas de las viviendas se encontraban a una distancia considerable, no respondían adecuadamente a las necesidades de mi familia o implicaban cambios logísticos que, en ese momento, mi mente tendía a magnificar, dificultando así la toma de decisiones.

Los pensamientos se acumulaban sin descanso: la distancia, la posibilidad de mudarme a Bridgewater mientras mi hija Meralyz tendría que asistir a la escuela en esa misma ciudad, el tráfico intenso y prolongado desde Boston —donde continuaba trabajando— y la preocupación de tener que mantener ese empleo hasta encontrar otro. Todo ello implicaba trayectos extensos y una logística diaria difícil de sostener. A esto se sumaba la necesidad de contar con un ingreso mejor remunerado para poder cubrir una posible hipoteca, los gastos del hogar y las responsabilidades familiares. Este cúmulo de preocupaciones comenzó a dominar mi pensamiento, generando una ansiedad anticipatoria que dificultaba mi capacidad de tomar decisiones claras y concretas sobre el siguiente paso a dar.

A pesar de contar con una red de apoyo sólida integrada por mi hermana, mi madre, mi terapeuta, mi hijo, mi sobrina Selomith, mi compañera de trabajo, mi supervisora de ese período, entre otras amistades cercanas, quienes me animaban con entusiasmo a aceptar alguna de las oportunidades disponibles, yo me encontraba atrapada en un ciclo persistente de pensamientos negativos. La ansiedad distorsionaba mi percepción y me llevaba a concentrarme más en los riesgos potenciales que en las posibilidades reales.

Durante ese año, la ansiedad se intensificó y se prolongó durante varios meses. Aun con el acompañamiento constante de mi familia, así como de mi terapeuta y mi psiquiatra, el miedo comenzó a dominar mis pensamientos y a interferir con mi capacidad de tomar decisiones con claridad y serenidad. En medio de ese proceso, mi hermana solía recordarme una frase que se convirtió en un ancla emocional y espiritual: "Lo que viene de Dios te da paz." Aunque esas palabras no eliminan la ansiedad de inmediato, me ayudaron a hacer una pausa y reflexionar. Poco a poco comprendí que, si una decisión estaba acompañada únicamente de temor y no de paz interior, tal vez no era el momento adecuado para avanzar.

Durante una de las visitas a viviendas en venta, entablé conversación con un vecino del área y le compartí mis preocupaciones. Con sencillez y claridad me dijo: "Si no te sientes segura en este momento, no compres". Luego explicó que van a construir muchas más casas, ya que era una nueva comunidad que estaban construyendo. Sus palabras me brindaron serenidad y una sensación momentánea de tranquilidad. Sin embargo, a lo largo de gran parte del año 2022, este ciclo se repitió de manera constante. Cada vez que rechazaba una vivienda, poco tiempo después recibía una nueva llamada con otra oferta. Lejos de generar alivio, cada contacto reactivaba la ansiedad y mantenía mi sistema nervioso en un estado de alerta continua.

La ansiedad se prolongaba en el tiempo y comenzó a transformarse progresivamente en estrés crónico, afectando incluso mi capacidad para conciliar el sueño. Paralelamente, continuaba desempeñando un rol exigente en la agencia comunitaria, trabajando con casos de alta complejidad y brindando acompañamiento intensivo a padres que atravesaban crisis familiares, emocionales y conductuales con sus hijos.

Años más tarde, pude entender que estaba experimentando fatiga por compasión: un desgaste emocional provocado por la exposición constante al sufrimiento de otras familias, mientras intentaba sostenerlos sin atender mis propios límites, ni espacios adecuados de autocuidado. La combinación de demandas laborales intensas, decisiones personales de alto impacto y una ansiedad persistente comenzó a manifestarse también en mi cuerpo. En el año 2023 empecé a experimentar un cansancio repentino, dificultad para dormir, y una sensación de opresión en el pecho. Aun así, seguía adelante, minimizando las señales de mi cuerpo y priorizando las necesidades de otros por encima de las mías.

El estrés dejó de ser una respuesta emocional transitoria y se transformó en un estado fisiológico sostenido. La ansiedad persistente comenzó a impactar no solo mi estado emocional, sino también mis funciones corporales. Cuando el cuerpo se mantiene durante largos períodos bajo estas condiciones, aumenta el riesgo de desarrollar síntomas fisiológicos y enfermedades que tienen un gran impacto en la salud integral.

Fue en febrero de 2023, tras atravesar un período prolongado de estrés sostenido, cuando comencé a notar cambios físicos significativos. De manera repentina experimenté un cansancio inusual y profundo que llamó mi atención. Al día siguiente apareció una sensación persistente de acidez estomacal que fue intensificando gradualmente. Durante toda la noche, esa molestia se mantuvo constante. Cada vez que bebía agua, el malestar parecía aliviarse por unos momentos, solo para regresar poco después. Así transcurrió la noche, entre episodios repetidos de acidez y la inquietante sensación de que algo no estaba funcionando bien en mi cuerpo.

Al llegar la mañana entendí que aquellos síntomas no eran normales ni pasajeros, y decidí acudir al departamento de emergencias para una evaluación médica. Fue entonces cuando se confirmó que había sufrido un ataque al corazón. Este evento marcó un punto de quiebre profundo en mi vida y evidenció, de manera contundente, el impacto que el estrés crónico y la ansiedad no atendida pueden tener sobre la salud física. Aquello que durante años intenté sostener desde la fortaleza y la productividad finalmente se manifestó en mi cuerpo como una señal inequívoca de alarma.

Esta etapa me dejó una gran enseñanza: no toda oportunidad es una asignación, y no toda puerta abierta debe cruzarse de inmediato. Aprendí que la ansiedad puede nublar el discernimiento, acelerar las decisiones y empujarnos a vivir en un estado constante de exigencia. Escucharla, sin permitir que tome el control, forma parte esencial del proceso de sanación y crecimiento.

Reconocer mis límites, atender mi salud emocional y apoyarme en otros es un acto de responsabilidad, humildad y amor propio. Comprendí que cuidar la salud física y mental no es un lujo ni una opción secundaria, sino una necesidad vital. Establecer límites saludables, aprender a pausar, priorizar el descanso, atender las señales del cuerpo y buscar apoyo oportuno son prácticas indispensables para sostener una vida equilibrada y plena.

Hoy sé que detenerse a tiempo también es avanzar, y que el verdadero bienestar se construye cuando cuerpo, mente y espíritu reciben el cuidado que merecen. La ansiedad no es simplemente nerviosismo ocasional. Es una condición que puede afectar profundamente la forma en que pensamos, sentimos y actuamos. En mi caso se manifestaba como una preocupación constante, pensamientos acelerados, dificultad para tomar decisiones y una sensación persistente de amenaza, aun cuando no existía un peligro inmediato. La ansiedad suele desarrollarse de manera acumulativa, especialmente cuando no se reconocen las señales tempranas ni se atienden los factores que la desencadenan.

Nada de este proceso lo atravesé sola.

El acompañamiento de los profesionales de la salud, como mi doctor de cabecera, mi psiquiatra, terapista, en este caso mi cardióloga, el apoyo constante de mi familia, la orientación profesional y humana de mis compañeras de trabajo, y el respaldo comprensivo de mis supervisoras fueron fundamentales en este proceso. La terapia, la medicación cuando fue necesaria y una red de apoyo sólida me ayudaron a recuperar equilibrio y perspectiva.

Después del evento cardíaco, pensamientos desalentadores llegaron a invadir mi mente. Surgió una pequeña preocupación acerca de la fragilidad de la vida, acompañado de la idea de que, en cualquier momento, podía partir de este mundo y dejar a mis seres queridos. Esa conciencia repentina de la vulnerabilidad humana generó un poco de inquietud. Ante ese escenario, decidí detenerme, meditar y reflexionar con intención. Fue en ese espacio de silencio y evaluación interior donde tomé una decisión consciente y transformadora: vivir con intención, un día a la vez.

Mirándolo ahora, sé que la vida es frágil y que ninguno de nosotros tiene garantizado el mañana. Pero también entendí que cada día ofrece la oportunidad de vivir con propósito, responsabilidad y gratitud. A partir de ese momento me propuse dar lo mejor de mí, cuidar mi salud física, emocional y mental, y asumir con mayor conciencia la manera en que vivo, amo y sirvo. Reconocí que estaba aquí por una razón, y que esa misión incluía amar sin condiciones, perdonar con libertad, soltar aquello que no edifica y desprenderme de todo lo que no contribuye a mi bienestar integral.

Desde esa convicción, hice mías las palabras del apóstol Pablo en Gálatas 2:20 "Ya no vivo yo, mas vive Cristo en mí." Esa afirmación se convirtió en una guía diaria. Decidí vivir con intención, dar por gracia lo que por gracia he recibido y dar gracias en todo tiempo. Hoy camino con una fe más consciente, una gratitud más profunda y un compromiso renovado de vivir plenamente, con propósito y esperanza, aun reconociendo la fragilidad de la vida.

Después de no haber aceptado en el 2023 ninguna de las viviendas ofrecidas a través del sistema de lotería —debido a la ansiedad que estaba experimentando— en la agencia donde estaba trabajando en ese momento nos dieron una noticia inesperada: la oportunidad de cursar una maestría en Consejería de Salud Mental. Mi compañera de trabajo me animó a iniciar ese camino académico junto a mi hermana, con el propósito de apoyarnos mutuamente durante el proceso. Así comenzamos la Maestría en Consejería de Salud Mental, Psicología. Este paso no solo amplió mi formación profesional, sino que también transformó profundamente mi comprensión personal de la salud mental.

A través de la educación clínica aprendí que la ansiedad no es una falla personal, sino una respuesta natural del organismo que, cuando se activa de manera intensa o prolongada, puede volverse problemática. Entendí que, cuando el cuerpo percibe una amenaza —real o anticipada—, la amígdala envía una señal de alerta. Esta estructura cerebral funciona como un detector de peligro. También entendí que la ansiedad no es simplemente un momento pasajero de nerviosismo. Es una condición que puede afectar profundamente la manera en que pensamos, sentimos y actuamos. Puede robar el descanso, nublar la claridad mental y distorsionar la percepción de la realidad. En mi experiencia, se manifestaba a través de pensamientos repetitivos de "¿y si...?", una preocupación excesiva por el futuro, dificultad para tomar decisiones y una sensación persistente de estar perdiendo el control.

Este aprendizaje me llevó a una reflexión esencial: no todo miedo debe ser obedecido, pero sí merece ser escuchado y analizado. El miedo puede ser una señal que invite a pausar, evaluar y planificar; sin embargo, cuando no se cuestiona, puede convertirse en un obstáculo que paraliza. Aprender a distinguir cuándo el miedo ofrece información útil y cuándo está amplificado por la ansiedad es una habilidad clave para el bienestar emocional.

Comprendí la importancia de detenerme, cuestionar mis pensamientos, planificar con intención y buscar apoyo profesional antes de tomar decisiones trascendentales. La ansiedad no desaparece por completo, pero puede comprenderse, regularse y acompañarse de manera saludable. Esta enseñanza se convirtió en un pilar tanto para mi vida personal como para mi práctica profesional: escuchar el cuerpo, honrar las emociones y elegir con conciencia forman parte fundamental del camino hacia una vida más equilibrada y plena. Establecer límites, tomar pausas, buscar apoyo profesional y permitirnos procesos graduales no es retroceder, sino preparar el terreno para decisiones más sólidas y sostenibles.

Hoy agradezco profundamente no haber tomado decisiones apresuradas durante ese período, como la compra de una vivienda para la cual no me encontraba del todo preparada, especialmente en el plano emocional. Ese tiempo, aunque desafiante, me permitió continuar mis estudios, fortalecer mi preparación profesional y crear mejores oportunidades para el futuro, reduciendo de manera significativa la presión económica que alimentaba gran parte de mi ansiedad. Comprendí que no toda oportunidad debe aceptarse de inmediato y que actuar con prudencia también es una forma legítima de autocuidado.

La ansiedad no es un enemigo, sino una señal: una señal de que algo en nuestra vida necesita atención, ajuste o descanso. Aprendí que manejar las emociones no significa eliminarlas ni reprimirlas, sino escucharlas con honestidad, validarlas con compasión y responder a ellas de manera consciente y saludable. El verdadero equilibrio no se alcanza ignorando lo que sentimos, sino integrándose con responsabilidad y sabiduría.

Si estás leyendo este capítulo y te identificas con estas experiencias, quiero decirte algo importante: la ansiedad no define quién eres ni determina tu futuro. Con acompañamiento profesional, tratamiento adecuado, autoconocimiento y una red de personas que caminen contigo, es posible sanar, recuperar claridad y aprender a tomar decisiones desde la conciencia, y no desde el temor. El aprendizaje que llevo de estas experiencias es claro: la ansiedad puede convertirse en una maestra cuando se le escucha con atención. Nos invita a revisar el ritmo de vida, a cuestionar expectativas, a priorizar el bienestar y a elegir con mayor intención. Incluso en medio de la ansiedad, tu historia puede transformarse en un puente de esperanza para otros, recordándonos que sanar no es un acto inmediato, sino un proceso valiente que comienza cuando nos damos permiso para cuidarnos.

Capítulo 6

Más fuerte después de la caída

Durante varios años conviví con el diagnóstico de la enfermedad de Still del adulto, una condición que requirió un tratamiento riguroso mediante inyecciones de alto costo. A esto se sumaba el diagnóstico de trastorno bipolar tipo I. Ambos cuadros clínicos exigían una adherencia constante al tratamiento y un seguimiento médico especializado. Sin embargo, en distintos momentos, influenciada por la sensación de que me encontraba bien, interrumpí los tratamientos. Estas decisiones, tomadas desde una percepción equivocada de mejoría, tuvieron consecuencias importantes: recaídas que derivaron en hospitalizaciones. Esta experiencia puso de manifiesto una lección fundamental: la estabilidad clínica no debe interpretarse como la ausencia definitiva de la enfermedad, sino como el resultado directo de la continuidad terapéutica y del manejo adecuado de la condición.

El trabajo junto a la Dra. González marcó un punto de inflexión en mi proceso de salud. A través de una relación terapéutica basada en la comunicación abierta, la confianza y el compromiso con el plan de tratamiento, logré mantener una mayor estabilidad y evitar nuevas hospitalizaciones por varios años. Esta experiencia reafirmó la importancia fundamental de la adherencia al tratamiento y del trabajo conjunto con los profesionales de la salud. Seguir las indicaciones médicas, expresar inquietudes, reportar efectos secundarios y participar activamente en las decisiones clínicas no solo favorece la prevención de recaídas, sino que también fortalece la autonomía, la funcionalidad y la calidad de vida. La continuidad del tratamiento, lejos de ser una limitación, es una herramienta esencial para construir una vida estable, productiva y emocionalmente equilibrada.

En enero del año 2024, nuevamente me encontraba frente a un ritmo académico exigente —cursaba mi Maestría en Consejería de Salud Mental, Psicología— y una carga laboral muy intensa. En ese período llevaba el caso de una clienta que estaba enfrentando problemas de desalojo de su vivienda, lo cual me activó un profundo sentido de responsabilidad y empatía. Motivada por el deseo de ayudar, asumí el caso con un nivel de involucramiento extraordinario, dedicando extensas horas a la búsqueda de recursos, coordinación de apoyos y alternativas de estabilidad para la familia. En medio de todo eso, descuidé un aspecto esencial de mi propio cuidado: la continuidad de mi tratamiento farmacológico. Mis medicamentos se agotaron y, debido a la urgencia de la familia, postergué buscar los medicamentos en la farmacia por más de tres días. Esta interrupción, aunque breve en apariencia, tuvo consecuencias clínicas relevantes. Comencé a experimentar síntomas característicos del trastorno bipolar I, entre ellos una marcada disminución de la necesidad de dormir, acompañada de un aumento inusual de energía, aceleración del pensamiento e ideas distorsionadas. Reconocí entonces señales tempranas de un episodio maníaco, lo que me confrontó, una vez más, con una verdad fundamental: incluso en contextos de vocación de servicio, la salud mental propia no puede quedar en segundo plano.

Esta fue la primera vez que fui hospitalizada desde que la Dra. González había asumido el manejo de mi tratamiento psiquiátrico. Al reconocer los síntomas y la falta de sueño, tomé la decisión de llamar a una ambulancia. Esa decisión fue el resultado de una mayor autoconciencia clínica y de mi compromiso con la estabilidad de mi salud mental. Fui ingresada en el Hospital McLean, reconocido por su excelencia en la atención psiquiátrica. Mi experiencia durante la hospitalización estuvo marcada por un trato digno, humano y profesional. Una vez ingresada y tratada en este hospital pedí al equipo que la Dra. González fuera informada e involucrada en el proceso de tratamiento. El equipo clínico respondió con gran profesionalismo; mantuvieron comunicación con la doctora González, lo que garantizó la continuidad y coherencia del manejo médico.

El hospital McLean representó un nuevo punto de inflexión en mi trayectoria de recuperación. Desde mi primera recaída en el año 2005, he tenido múltiples experiencias hospitalarias; sin embargo, esta fue, sin duda, la más estructurada y respetuosa. Más allá de la intervención clínica, valoro profundamente la calidad humana del personal. Recuerdo especialmente las conversaciones con uno de los enfermeros, quien mostró interés por el libro que estaba escribiendo sobre mis vivencias. En una de esas conversaciones surgió la idea inicial del título "Más fuerte en medio de la adversidad". La sugerencia me pareció muy acertada ya que reconocía que cada experiencia adversa —aunque desafiante— también había sido un espacio de fortalecimiento, crecimiento y renovación espiritual.

Esta experiencia reafirmó convicciones que hoy forman parte esencial de mi vida y de mi práctica profesional: la importancia de la adherencia al tratamiento, la necesidad de mantener límites saludables y el reconocimiento de que no todas las variables están bajo nuestro control. Aprendí que el compromiso con los demás debe coexistir con el compromiso hacia uno mismo, y que pedir ayuda a tiempo es una herramienta de protección, no una derrota.

Durante mi estancia en el Hospital McLean en el año 2024, procuré mantenerme activamente involucrada en actividades terapéuticas y ocupacionales que favorecieron mi estabilidad emocional. Retomé prácticas que han sido valiosas para mí regulación, como la pintura y el coloreado, además de participar en diversos programas clínicos ofrecidos por la institución. Estas intervenciones, aunque sencillas en apariencia, desempeñaron un papel importante en la estructuración de mis días, la canalización de mis pensamientos y la reconexión con una sensación de calma y enfoque interior.

Uno de los momentos más memorables y transformadores de esa hospitalización ocurrió de manera inesperada. Mientras coloreaba en uno de los pasillos, fui abordada por un grupo de estudiantes de enfermería acompañados por su instructora. Con respeto e interés, me solicitaron que compartiera aspectos de mi historia personal. Les conté no solo los desafíos clínicos, sino también las lecciones, los procesos de recuperación y la importancia del tratamiento continuo. La interacción se convirtió en un intercambio profundamente humano, caracterizado por preguntas reflexivas, escucha atenta y una empatía que trascendía el entorno académico.

Aquella experiencia dejó en mí una huella duradera. Desde entonces comencé a notar con mayor claridad que las narrativas personales poseen un valor educativo y terapéutico incalculable. Así como aquellos estudiantes que encontraron significado en mi testimonio, reconocí que fuera del hospital existen innumerables personas, pacientes, familiares, cuidadores y aún profesionales, que pueden beneficiarse de escuchar historias reales de lucha, esperanza y resiliencia. Entendí que compartir la experiencia vivida no constituye una exposición de vulnerabilidad, sino un acto de contribución, y acompañamiento para quienes transitan caminos similares. Aunque tanto las estudiantes como su instructora me autorizaron a mencionar sus nombres en este libro, he decidido referirme a ellas colectivamente como las estudiantes de enfermería de McLean, preservando así la esencia de aquel encuentro desde un marco de respeto y gratitud.

Esta vivencia reafirmó una convicción central en mi proceso de vida y recuperación: la experiencia humana, incluso en contextos de dolor o crisis, puede transformarse en una fuente de propósito, aprendizaje y conexión. La salud mental no se limita a diagnósticos o intervenciones clínicas; también se construye en espacios de diálogo, comprensión y validación mutua. Contar la propia historia, cuando se hace desde la autenticidad y la responsabilidad, puede convertirse en un puente que reduce estigmas, fomenta la empatía y siembra esperanza.

Durante esa misma hospitalización, se aproximaba una fecha profundamente significativa para mi familia: el cumpleaños de Meralyz, un acontecimiento de gran valor emocional y simbólico. Con la esperanza de poder acompañarla en ese momento tan especial, inicié desde el hospital pequeños preparativos. Hablé con el trabajador social y el equipo psiquiátrico. Mi intención no era apresurar el proceso clínico de manera imprudente, sino comunicar la relevancia emocional de ese evento dentro de mi red de apoyo y motivación personal.

Gracias a la colaboración del equipo tratante y de mi compañera de trabajo —quien formaba parte del seguimiento y acompañamiento del tratamiento— que se comunicaba con el trabajador social, y le explicaba mi forma de ser, ya que la energía positiva que reflejaba podía confundirse con los síntomas del trastorno bipolar. Mi compañera de trabajo al igual que mi hermana participaron activamente en mi tratamiento y seguimiento. Gracias al respaldo incondicional de mi familia, fui dada de alta dos días antes de la celebración del cumpleaños de Meralyz. Este desenlace no solo representó una transición clínica favorable, sino también un recordatorio profundamente humano del impacto que tiene el apoyo social, la comunicación transparente y la fe en los procesos de recuperación. El reintegrarme temporalmente al entorno familiar para estar junto a mi hija reforzó mi sentido de pertenencia, gratitud y compromiso con mi bienestar.

Esta etapa de mi vida consolidó una lección esencial: la recuperación y la estabilidad no son eventos aislados, sino procesos sostenidos por múltiples factores: tratamiento, autoconciencia, límites saludables, vínculos significativos y esperanza. Cada experiencia, incluso aquellas vividas dentro de un hospital, puede albergar oportunidades inesperadas de crecimiento, significado y renovación personal.

Capítulo 7

Recuperarse toma tiempo

Tras ser dada de alta del Hospital McLean, atravesé un período depresivo que, aunque clínicamente comprensible dentro del proceso de estabilización, resultó profundamente desafiante. La depresión no se manifestó únicamente como tristeza. Fue una experiencia compleja caracterizada por rumiación persistente, preocupación constante, agotamiento emocional y una sensación de confusión mental que dificultaba mi capacidad para concentrarme, organizar pensamientos y tomar decisiones con claridad.

A esto se sumó que fui dada de alta con un nuevo medicamento que me provocó efectos secundarios entre ellos estaban marcada rigidez muscular, enlentecimiento psicomotor, disminución notable de la expresión facial y movimientos corporales limitados. Mi apariencia general reflejaba una pérdida significativa de espontaneidad motora, hasta el punto de que quienes me veían expresaban preocupación inmediata por mi estado de salud. Me sentía atrapada en un cuerpo que no respondía con naturalidad, mientras internamente intentaba recuperar estabilidad y esperanza.

En ese contexto, la universidad emergió como una fuente significativa de ansiedad. Me encontraba cursando la etapa final de mi maestría en Consejería de Salud Mental, una meta profundamente importante para mí; sin embargo, mi estado emocional y cognitivo en ese momento limitaba seriamente mi capacidad de funcionamiento. Experimentaba dificultad para concentrarme, lentitud en el procesamiento de la información y una marcada sensación de confusión mental que interfería con la comprensión de las lecturas y las exigencias académicas.

Aunque la institución me ofreció apoyo y comprensión, internamente persistían pensamientos recurrentes de incapacidad y temor al fracaso. Me preocupaba no poder completar la carrera, no recuperar la claridad de pensamiento y permanecer atrapada en aquella condición. La ansiedad no respondía fácilmente a las soluciones objetivas disponibles. Existía una desconexión entre la realidad externa —donde había alternativas y apoyo— y la vivencia interna, dominada por la duda, la incertidumbre y una visión pesimista del futuro.

En medio de esa etapa, mi hermana como siempre fue un apoyo esencial. Con paciencia y firmeza, me recordaba que aquel estado no sería permanente, sino parte de un proceso transitorio de recuperación. Me animaba a vivir cada etapa con aceptación, entendiendo que todo proceso tiene su tiempo de maduración y cambio. También me sugirió comunicarme con la directora del programa para explicarle mi situación académica y emocional. Su presencia constante, acompañamiento práctico y confianza en mi recuperación fueron fundamentales en un momento marcado por la vulnerabilidad y la falta de claridad mental.

Siguiendo el consejo de mi hermana, expuse mi situación recibiendo inmediatamente una respuesta empática y orientada a soluciones de parte de la directora del programa quien me ayudó a elaborar un plan académico que me permitiera continuar los estudios, sin la presión inmediata de los plazos habituales. Aquella intervención representó un acto de contención institucional que, desde una perspectiva racional, debía haber mitigado mi angustia.

Sin embargo, la rumiación persistía. Aun contando con garantías, mi mente regresaba insistentemente a la preocupación. Es muy importante entender que la mente, particularmente en estados depresivos, puede sostener narrativas de incapacidad o catastrofización incluso frente a contextos favorables. Durante esos momentos de vulnerabilidad llamaba a mi compañera de trabajo en ese entonces. Le contaba sobre mis sentimientos de derrota, convenciéndome de que no sería capaz de completar la maestría. Le compartía mi sensación de no poder pensar con claridad ni concentrarme adecuadamente. Su respuesta, constante y firme, nunca validó la renuncia impulsiva, sino la esperanza realista: "Lo vamos a lograr." Aquella frase, repetida con convicción, operaba como un anclaje emocional en medio de mi incertidumbre cognitiva.

De manera similar, en instantes donde buscaba alivio en la idea de abandonar, contactaba a mi hermana. En lugar de reforzar el escape momentáneo, ella sostenía un discurso centrado en la estabilidad, recordando la importancia de no tomar decisiones definitivas en medio de la confusión emocional. Con paciencia y consistencia, me invitaba a confiar en el plan ya establecido con la directora del programa de la universidad, en las extensiones concedidas y en la temporalidad de mi estado mental. Paralelamente, la directora del programa mostró una comprensión académica ejemplar, otorgándome el tiempo necesario para completar mis responsabilidades hasta finales de agosto.

Paralelamente, la doctora González continuó dando seguimiento cercano a mi tratamiento psiquiátrico después de la alta. Durante esas citas de control, mi hermana y mi compañera de trabajo se hicieron presentes como parte de mi red de apoyo, colaborando activamente en el proceso clínico. Ambas pudieron describir con claridad los efectos secundarios que el medicamento prescrito tras mi alta hospitalaria estaba provocando, detallando los cambios físicos y conductuales observables: rigidez corporal, disminución de la expresión facial, enlentecimiento psicomotor y una marcada alteración en mi funcionamiento habitual. Para quienes me conocían, parecía una persona completamente distinta, como si habitara un cuerpo ajeno.

Gracias a esa información objetiva y al seguimiento profesional oportuno, la doctora González reconoció que el medicamento administrado durante la hospitalización no estaba siendo bien tolerado en mi caso. Con criterio clínico, procedió a reevaluar el tratamiento y diseñar un nuevo plan terapéutico ajustado a mis necesidades y respuesta individual. En un corto período de tiempo, comencé a mostrar una mejoría notable tanto en lo físico como en lo emocional y cognitivo. Gradualmente recuperé mi vitalidad, espontaneidad, claridad mental, seguridad personal y la energía que siempre me había caracterizado. Volví a sentirme conectada conmigo misma: alegre, activa, confiada y plenamente funcional.

Esta experiencia resalta una enseñanza esencial en salud mental: no todos los medicamentos funcionan igual para todas las personas. La respuesta farmacológica es individual, y por ello el monitoreo constante resulta indispensable. Cuando un medicamento produce efectos adversos, empeora la calidad de vida o no genera mejoría esperada, es fundamental comunicarlo de inmediato al profesional tratante. Informar cambios físicos, emocionales o conductuales permite realizar ajustes seguros y oportunos, prevenir complicaciones y favorecer una recuperación más efectiva.

Hablar con el médico tratante no debe verse como cuestionar el tratamiento, sino como una parte necesaria del proceso terapéutico. La comunicación abierta entre paciente, red de apoyo y profesional de salud puede ser determinante para recuperar estabilidad, bienestar y calidad de vida.

Gradualmente, y en coherencia con el proceso terapéutico, comenzaron a emerger cambios internos significativos. La claridad cognitiva se restableció, la rumiación disminuyó y la sensación de capacidad personal fue recuperándose. Para finales de agosto, mi estado emocional y mental evidenciaba una estabilidad sostenida que permitió reintegrarme plenamente a mi rutina laboral y académica.

Esta etapa de mi vida consolidó nuevos aprendizajes. Confirmé que la depresión puede distorsionar la autopercepción de manera intensa, generando conclusiones que no reflejan la realidad de las capacidades ni de las circunstancias. Reafirmó también que las decisiones tomadas en estados de inestabilidad emocional requieren cautela, acompañamiento y, en muchos casos, contención externa. Entendí que, cuando el área cognitiva se ve afectada por el estrés o la desesperanza, contar con personas que sostengan, orienten y acompañen puede marcar la diferencia entre rendirse prematuramente o continuar un proceso de transformación y recuperación. Esta vivencia reafirma una verdad esencial en el campo de la salud mental: la recuperación, aunque profundamente personal, se construye y se fortalece dentro de relaciones de apoyo, confianza y acompañamiento.

Como resultado de mis experiencias clínicas y personales, he procurado integrar en mi vida cotidiana una serie de prácticas saludables. Sin embargo, es importante reconocer con honestidad que mantener un ritmo constante no siempre resulta sencillo. Más que recomendaciones aisladas, estos principios representan una estructura de autocuidado consciente orientada a sostener la estabilidad emocional, fortalecer la regulación interna y promover la salud integral. La vida moderna, las responsabilidades laborales, académicas y familiares, así como las fluctuaciones naturales del estado emocional, pueden interferir con la consistencia de estos hábitos.

Aun así, mi experiencia me ha enseñado que la dificultad no invalida el valor de la práctica. La construcción de hábitos saludables es, en esencia, un proceso progresivo que requiere intención, paciencia y compromiso continuo. Priorizar el descanso, realizar caminatas conscientes, recurrir a la música como recurso regulador, cultivar la oración y la meditación, mantener la conexión social, establecer rutinas estructuradas, llevar un diario reflexivo, reconocer los pequeños logros, dormir lo suficiente, buscar ayuda profesional cuando sea necesario, agradecer continuamente y tratarnos con gracia no son actos extraordinarios, sino decisiones cotidianas que, sostenidas en el tiempo, generan efectos profundamente transformadores.

Uno de los aprendizajes más significativos en mi proceso y experiencias es que la salud mental no se sostiene únicamente en intervenciones clínicas, sino en la suma de pequeñas decisiones diarias. El bienestar emocional es dinámico y requiere atención continua, del mismo modo que la salud física. Adoptar prácticas reguladoras, mantener tratamientos cuando son necesarios y aceptar apoyo externo no constituyen señales de fragilidad, sino expresiones de responsabilidad y madurez emocional.

Asimismo, es fundamental comprender que el progreso en salud mental rara vez es lineal. Existen avances, retrocesos, ajustes y períodos de reacomodación. Esta naturaleza no lineal no debe interpretarse como fracaso, sino como parte inherente del proceso de crecimiento. La autocompasión, la flexibilidad psicológica y la perseverancia se convierten entonces en aliados indispensables.

A quienes lean estas páginas, ofrezco no solo mi testimonio, sino también una invitación profunda a priorizar la salud mental con intención, constancia y apertura. El bienestar emocional no suele sostenerse por azar; requiere atención continua, hábitos protectores y la disposición de pedir ayuda cuando sea necesario. Aun cuando al inicio ciertos cambios parezcan difíciles, la práctica gradual y el compromiso consciente pueden convertirse, con el tiempo, en pilares de estabilidad y crecimiento personal.

Este capítulo reafirma la importancia de la comunicación abierta durante todo el proceso de recuperación. Expresar lo que se siente, hablar con familiares de confianza, apoyarse en amistades saludables, apoyarse en la fe y mantener contacto honesto con profesionales de la salud mental puede marcar una diferencia significativa. Del mismo modo, cuando un tratamiento farmacológico genera efectos secundarios, malestar o preocupación, es fundamental comunicarlo oportunamente al psiquiatra tratante para realizar los ajustes clínicos necesarios. Buscar orientación no es una señal de debilidad, sino una decisión responsable y protectora.

La estabilidad emocional no es un destino fijo alcanzado una sola vez; es una construcción diaria que se fortalece mediante el autocuidado, las redes de apoyo, la guía profesional y, en mi caso, la fe. También implica reconocer cuándo necesitamos acompañamiento adicional y permitir que otros caminen a nuestro lado durante nuestro proceso de recuperación.

Si hoy atraviesas un momento complicado, recuerda esto: no estás solo. Con el apoyo adecuado, intervención oportuna y perseverancia, es posible recuperar esperanza, avanzar en el proceso de sanación y alcanzar metas que quizá hoy parecen lejanas. Aun en medio de la adversidad, el progreso es posible cuando decidimos refugiarnos en las personas y profesionales correctos y dar pasos firmes hacia nuestra estabilidad.

Capítulo 8

Reconstruyendo sueños

En el año 2025, continuaba con mis estudios universitarios y mis responsabilidades laborales. Durante ese período, me mantuve firmemente comprometida con mi proceso terapéutico, priorizando la continuidad de mi tratamiento y reconociendo la importancia de la autorregulación, el descanso y los límites saludables. Cada decisión comenzó a estar guiada no por la urgencia o la ansiedad, sino por la reflexión, la prudencia y el equilibrio. Este cambio interno fue determinante en la forma en que enfrenté nuevas oportunidades y desafíos.

Paralelamente, mantenía una aspiración significativa para mí: el deseo de contar con una casa amplia y estable, un espacio donde mi familia pudiera sentirse cómoda, segura y con mayores oportunidades de bienestar. Esta meta no representaba únicamente una adquisición material, sino un símbolo de estabilidad emocional, dignidad y crecimiento familiar.

En medio de mis desafíos personales, ese anhelo también funcionaba como una fuente de motivación y esperanza. Con disciplina, perseverancia y fe, elevaba esta petición a Dios, confiando en que, en el momento adecuado, aquello que parecía lejano podría convertirse en realidad. Más que una vivienda, representaba la posibilidad de construir un entorno saludable donde mi familia pudiera continuar avanzando con paz y seguridad.

Y ese momento llegó.

Fui contactada nuevamente con la propuesta de una vivienda en construcción en marzo del 2025. Mi reacción, a diferencia de experiencias pasadas, estuvo marcada por la serenidad y la claridad.

Acepté la oportunidad con una actitud tranquila, sin la necesidad de buscar validación externa ni compartir prematuramente el proceso. En ocasiones anteriores, la ansiedad me había llevado a sobreexponer decisiones aún incipientes, lo cual incrementaba la presión interna y el estrés. Esta vez elegí actuar desde la calma y la discreción, suministrando todos los documentos con confianza, sin agitación.

El resultado fue revelador.

Todo fluyó con una naturalidad que contrastaba con mis vivencias previas. Experimenté una paz emocional y espiritual difícil de describir, una sensación de alineación interna que reafirmaba la importancia de la estabilidad psicológica en la toma de decisiones trascendentales. Estoy convencida de que esta oportunidad constituyó una bendición divina. Dos días antes de mi cumpleaños, me encontraba firmando la casa que había anhelado durante tanto tiempo. Dios no sólo respondió a mi petición, sino que la superó generosamente: una casa proporcionada, organizada, amplia y dotada de características que excedían incluso aquello que había imaginado.

Para el 30 de octubre del mismo año, ya me encontraba establecida en mi nuevo hogar, disfrutando no solo de un espacio físico renovado, sino de un profundo sentido de gratitud, logro y propósito. La estabilidad emocional sostenida permitió que continuara mis estudios con determinación. En diciembre de ese mismo año, culminé mi maestría en Consejería de Salud Mental, un hito que representó no solo un logro académico, sino la materialización de años de perseverancia, tratamiento continuo y resiliencia.

En febrero 7, del 2026 realizamos la celebración de los quince años de mi hija Meralyz. A pesar de las condiciones climáticas adversas y de una intensa nevada, la celebración pudo realizarse rodeada de familiares y amigos. Aquella tarde simbolizó mucho más que una festividad; representó la victoria sobre innumerables obstáculos, la fortaleza de los vínculos familiares y la belleza de los momentos compartidos que dan sentido a la vida.

Hoy, al reflexionar sobre esta etapa, reconozco con humildad que ninguno de estos logros fue exclusivamente individual. Fueron posibles gracias a la convergencia de múltiples factores: mi fe, el acompañamiento de profesionales de la salud, el apoyo incondicional de mi familia, amigas y hermanas de la fe que han estado presentes en mi vida a lo largo del camino, la comprensión académica y la presencia constante de mi red de apoyo.

A lo largo de la vida, muchas personas sostienen la creencia de que pueden; o deben, enfrentar sus procesos en soledad. Expresiones como "no necesito a nadie" o "puedo con todo sola/o", o "lo he logrado sola", "no le debo nada a nadie" suelen interpretarse como señales de fortaleza, cuando en realidad pueden convertirse en factores de riesgo emocional. La salud mental, por su naturaleza profundamente humana y relacional, rara vez se sostiene en aislamiento.

Buscar apoyo no representa debilidad, sino inteligencia emocional, autoconciencia y valentía. La intervención oportuna de familiares, amistades, hermanos en la fe y profesionales, puede marcar diferencias sustanciales en la evolución de una persona. Nadie está diseñado para transitar los desafíos de la vida completamente solo. La conexión humana, la orientación profesional y el acompañamiento empático constituyen pilares esenciales del bienestar.

Es igualmente importante reconocer que la estabilidad no implica la ausencia de desafíos. La vida continúa presentando transiciones, presiones y momentos de incertidumbre. Sin embargo, cada experiencia puede fortalecer la capacidad de afrontamiento cuando se abordan desde el cuidado propio, la adherencia al tratamiento y la disposición a recibir apoyo.

Esta historia no representa un punto final. Representa la continuidad de un proceso dinámico, vivo y en constante transformación. Cada etapa recorrida me enseñó que la recuperación no consiste únicamente en la ausencia de síntomas, sino en la capacidad de reconstruir la vida con mayor conciencia, propósito y fortaleza interior. Aun mientras atravesaba desafíos significativos en mi salud mental, continué avanzando paso a paso hacia metas que fueron posibles, primeramente, gracias al amor de Dios y su apoyo en todas las áreas de mi vida, luego a mis familiares, amigos, hermanos de la fe, profesionales.

En medio de la adversidad, logré alcanzar sueños profundamente importantes para mí y para mi familia. Esos logros no ocurrieron porque el camino fuera fácil, sino porque aprendí a avanzar incluso a través de la adversidad. Comprendí que una condición de salud mental no define el valor de una persona, ni limita permanentemente su potencial. Con tratamiento adecuado, apoyo relacional, fe, constancia y visión, es posible seguir construyendo una vida significativa.

La enseñanza central de este capítulo es clara: aun en los momentos más oscuros, puede existir dirección. Aun en medio del dolor, puede emerger el propósito. Y aun cuando la mente dude, la vida puede seguir abriendo caminos. La adversidad no siempre detiene el destino; en ocasiones, lo redirige hacia una versión más consciente, más fuerte y más auténtica de nosotros mismos.

Mi compromiso permanece firme: vivir con mayor empatía, responsabilidad emocional, amor propio y gratitud. Porque sanar no es simplemente volver a estar bien; sanar es aprender a florecer con raíces más profundas después de la tormenta. Puedes lograr todo lo que te propongas con fe, apoyo y humildad. Continúa hacia adelante, no estás solo.

"Algunas personas no solo sobreviven a la adversidad... también construyen desde ella."

Capítulo 9

Fe, sabiduría y responsabilidad

A lo largo de mi vida, en distintos momentos de vulnerabilidad, surgió una pregunta profundamente humana: "¿Por qué a mí?". Esta interrogante, lejos de reflejar inconformidad, expresaba la necesidad legítima de encontrar sentido en medio de experiencias complejas y desafiantes. Con el paso del tiempo, y especialmente a través de mi proceso personal y mi labor de servicio hacia otros en la comunidad, esa pregunta comenzó a transformarse en una reflexión más amplia y madura.

No lo entendía aún, pero muchas de las pruebas que enfrenté no solo marcaron etapas difíciles, sino que también desarrollaron en mí sensibilidad, empatía y una comprensión más profunda del sufrimiento humano. Aquello que en un momento interpreté como una experiencia o situación difícil, con el tiempo reveló enseñanzas valiosas sobre fortaleza interior, dependencia de Dios, responsabilidad personal y la importancia de buscar ayuda adecuada cuando la necesitamos.

En ese camino descubrí que la fe y la sabiduría no se excluyen, sino que pueden complementarse de manera armoniosa. La fe sostiene el espíritu en tiempos de incertidumbre, mientras la sabiduría orienta decisiones saludables, promueve el cuidado personal y abre el corazón para recibir apoyo profesional cuando es necesario. Ambas dimensiones, integradas con responsabilidad, pueden convertirse en pilares esenciales dentro del proceso de estabilidad emocional y recuperación.

Desde esa comprensión más clara, aprendí que la salud mental merece atención intencional, acompañamiento oportuno y una mirada libre de estigma. También pude entender que muchas veces Dios obra no sólo a través de lo sobrenatural, sino también mediante recursos concretos: personas preparadas, tratamientos adecuados, redes de apoyo y oportunidades de crecimiento.

Hoy miro mi historia con mayor serenidad y gratitud. Lo que antes parecía fragmentado, ahora revela propósito. Lo que antes parecía únicamente lucha, hoy también representa formación. Y lo que en otro tiempo me hizo preguntar "¿por qué a mí?", hoy me permite responder con humildad: la experiencia fue para aprender, para entender a otros, para educar a los que se sienten perdidos , para crecer y extender esperanza a otros que también están buscando luz en medio de su proceso.

En mi trabajo, he tenido el privilegio de acompañar a personas y familias que enfrentan luchas similares a las que marcaron mi propia historia. He conocido individuos con diagnósticos que no solo comprendo desde la formación académica, sino también desde la vivencia personal. En esos encuentros, se refleja una energía y conexión distinta, una empatía que trascendía la teoría y que se anclaba en la experiencia. Podía comprender mejor el temor, la confusión y el agotamiento emocional no como conceptos clínicos abstractos, sino como realidades humanas compartidas.

Fue durante estas experiencias y momentos de reflexión que la palabra de Dios adquirió un significado profundamente especial en mi vida. Versículos que quizás antes había leído comenzaron a resonar con nueva fuerza en medio de la necesidad real. Entre ellos, uno marcó especialmente mi corazón, la palabra de Dios por medio del apóstol Pablo: "Bástate mi gracia, porque mi poder se perfecciona en la debilidad" (2 Corintios 12:9). Esta verdad espiritual no minimizó mis desafíos ni romantizó el sufrimiento, pero sí me permitió comprender que aun en medio de mis limitaciones podía manifestarse una fortaleza mayor que no provenía únicamente de mí.

También encontró un lugar profundo en mi interior la promesa de Jeremías 29:11: "Porque yo sé los planes que tengo para vosotros, dice el Señor, planes de bien y no de mal, para daros el fin que esperáis." En temporadas donde predominaban la incertidumbre, el temor y la confusión, estas palabras me recordaban que mi presente no cancelaba mi futuro, y que aun cuando no entendía el proceso, existía dirección y propósito más allá de lo que mis ojos podían ver en ese momento.

Estas verdades espirituales me ayudaron a reinterpretar mi trayectoria desde una perspectiva más amplia. Comprendí que muchas de mis experiencias difíciles también me estaban preparando para desarrollar una empatía más profunda, no sólo hacia quienes viven con un diagnóstico de salud mental, sino también hacia sus familiares, quienes con frecuencia cargan silenciosamente preocupaciones, agotamiento emocional y una constante necesidad de esperanza.

Muchas veces los familiares enfrentan cargas emocionales intensas: incertidumbre, preocupación constante, desgaste psicológico y, en muchos casos, una profunda sensación de impotencia. La enfermedad mental rara vez impacta de manera aislada; su alcance es relacional, afectando dinámicas familiares, vínculos y estructuras de apoyo. Haber transitado mis propios procesos me ha permitido desarrollar una sensibilidad particular hacia ese sufrimiento silencioso que muchas familias experimentan.

En el ejercicio de mi labor, he observado también una realidad que merece una reflexión cuidadosa y responsable. En reiteradas ocasiones, al dialogar con personas que expresan altos niveles de ansiedad, desestabilización emocional o recurrencia de síntomas, suelo realizar una pregunta fundamental: "¿Está siguiendo tu tratamiento médico?" No es infrecuente recibir respuestas que revelan interrupciones motivadas por orientaciones no clínicas, incluyendo recomendaciones provenientes de entornos religiosos que, aunque bien intencionadas, pueden resultar clínicamente riesgosas.

Es fundamental afirmar, con claridad y respeto, que la salud mental posee la misma legitimidad, importancia y necesidad de atención que la salud física. Las condiciones psiquiátricas no representan fallas morales o debilidad personal; son procesos complejos en los que interactúan factores biológicos, psicológicos, sociales y ambientales.

Reconocer esta realidad permite abordar el sufrimiento humano desde una perspectiva más compasiva, informada e integral. Así como otras condiciones médicas requieren evaluación, seguimiento y tratamiento adecuado, también los trastornos de salud mental pueden beneficiarse de intervenciones profesionales oportunas.

La fe y el cuidado clínico no tienen por qué entenderse como dimensiones opuestas o excluyentes. Desde mi comprensión personal y espiritual, reconozco que Dios, en su sabiduría, también ha permitido el desarrollo del conocimiento médico, los avances terapéuticos y la preparación especializada de profesionales dedicados al bienestar humano. En ese sentido, recibir ayuda adecuada puede ser visto no como una contradicción de la fe, sino como una expresión responsable del cuidado de la vida.

Creer en Dios no es incompatible con aceptar tratamiento médico o apoyo profesional en salud mental. Por el contrario, el cuidado responsable del cuerpo y de la mente puede entenderse como una expresión de mayordomía y responsabilidad personal, coherente con el principio bíblico que reconoce la vida humana como valiosa y digna de atención, protección y respeto.

La espiritualidad puede constituir una fuente invaluable de fortaleza, esperanza, consuelo y sentido en medio de los procesos difíciles. Sin embargo, no debe utilizarse como sustituto de intervenciones clínicas necesarias ni como razón para invalidar diagnósticos legítimos. La fe puede acompañar el proceso terapéutico, fortalecerlo emocionalmente y ofrecer sostén interior, mientras el tratamiento adecuado atiende las necesidades médicas y psicológicas presentes.

Es importante entender y reconocer que, en muchas ocasiones, los síntomas de salud mental son interpretados exclusivamente desde marcos espirituales, atribuyéndose de forma errónea únicamente a causas sobrenaturales. Si bien la dimensión espiritual puede ser significativa para muchas personas, resulta esencial mantener una mirada equilibrada, informada y compasiva. No toda manifestación psicológica responde a una influencia espiritual negativa.

La mente humana, al igual que el cuerpo, puede experimentar desequilibrios, enfermar, requerir evaluación profesional y beneficiarse de intervenciones terapéuticas oportunas. Reconocer esta realidad no debilita la fe; por el contrario, permite integrar sabiduría espiritual y cuidado responsable en favor de una recuperación más completa e integral.

Principios esenciales para una recuperación integral

Desde esta comprensión, comparto convicciones nacidas tanto de la experiencia personal como del ejercicio profesional. He aprendido que la estabilidad emocional suele sostenerse mediante varios pilares que trabajan de forma conjunta: la adherencia consistente al tratamiento indicado, la comunicación abierta y continua con los profesionales de la salud, la toma de decisiones clínicas guiadas por personal capacitado, el apoyo de una red social saludable y el cultivo de la fe como fuente de fortaleza interior.

Es muy importante entender que la automedicación, la suspensión unilateral de medicamentos o los cambios realizados sin supervisión profesional pueden implicar riesgos significativos. Por ello, cualquier inquietud relacionada con efectos secundarios, dudas sobre el tratamiento o cambios emocionales debe ser comunicada oportunamente al médico tratante o al equipo clínico correspondiente. La orientación especializada permite realizar ajustes seguros y favorece mejores resultados a largo plazo.

Dios obra, sostiene y fortalece, pero los procesos humanos también requieren responsabilidad, paciencia y discernimiento. La recuperación emocional no siempre ocurre con la rapidez que deseamos. En muchas ocasiones demanda tiempo, seguimiento constante, ajustes terapéuticos y perseverancia. La esperanza no debe confundirse con negar la realidad clínica, sino integrarse con un compromiso activo hacia el bienestar físico, mental y espiritual.

Hoy doy gracias a Dios por cada etapa vivida, incluso por aquellas que resultaron difíciles, porque contribuyeron a mi crecimiento, conciencia y propósito. La salud mental es una dimensión esencial de la vida humana y merece atención, cuidado, respeto y abordajes integrales. Los pacientes, los familiares y las redes de apoyo cumplen funciones complementarias en el sostenimiento del bienestar. Buscar ayuda no es debilidad. Seguir tratamiento no es falta de fe. Cuidar la mente también es cuidar la vida.

Mi historia no representa un punto final, sino la continuidad de un camino que sigo recorriendo con fe, gratitud, responsabilidad y una profunda empatía hacia quienes atraviesan senderos similares. Si algo deseo que permanezca en quien lea estas páginas, es esta certeza: la estabilidad es posible, la ayuda es válida y la esperanza es real. Aun en medio de la adversidad, la gracia de Dios, el apoyo adecuado y la perseverancia pueden abrir espacio a una vida digna, funcional y con propósito.

La experiencia clínica y humana demuestra que pedir ayuda es un acto de valentía, conciencia y compromiso con el propio bienestar. Existen recursos, tratamientos eficaces y personas dispuestas a acompañar con genuino interés. A quienes hoy atraviesan momentos difíciles, les recuerdo con sinceridad: no están solos.

Expresar el dolor, buscar orientación y aceptar ayuda pueden iniciar procesos reales de sanación, equilibrio y crecimiento.

En esta etapa de mi vida, hago mías las palabras del apóstol Pablo en Filipenses 3:12-14, "12 No que lo haya alcanzado ya, ni que ya sea perfecto; sino que prosigo, por ver si logro asir aquello para lo cual fui también asido por Cristo Jesús.13 Hermanos, yo mismo no pretendo haberlo ya alcanzado; pero una cosa hago: olvidando ciertamente lo que queda atrás, y extendiéndome a lo que está delante, 14 prosigo a la meta, al premio del supremo llamamiento de Dios en Cristo Jesús". Este capítulo resalta que la vida no se define por la perfección ni por la ausencia de luchas, sino por la perseverancia y la decisión de seguir avanzando. Con una comprensión más amplia de mi camino, puedo afirmar con serenidad que no lo he alcanzado todo, pero continúo avanzando hacia las metas que Dios ha puesto delante de mí.

Este recorrido no concluye en estas páginas. Mi historia, como la de toda persona en proceso de crecimiento y sanación, permanece abierta, dinámica y en constante construcción. Continúo caminando con fe, mayor conciencia, compromiso hacia mi bienestar y esperanza renovada. Porque la verdadera fortaleza no consiste únicamente en llegar, sino en conservar la disposición de seguir adelante. Esta historia, con gratitud y convicción, continuará.

Capítulo 10

Para ti, que sigues caminando

Si estas páginas han llegado a tus manos en un momento de lucha, incertidumbre o cansancio emocional, deseo hablarte con sinceridad y esperanza. Tal vez hoy atraviesas una temporada que no imaginaste vivir. Quizás enfrentas ansiedad, depresión, tristeza, confusión mental, pérdidas silenciosas o cargas que pocos alcanzan a comprender. Si ese es tu caso, quiero recordarte algo esencial: este momento difícil no define quién eres ni determina el destino final de tu historia.

La vida, en ocasiones, nos conduce por caminos inesperados donde la fortaleza parece agotarse y las respuestas tardan en llegar. Sin embargo, aun en esos escenarios, continúan obrando procesos invisibles de crecimiento, madurez y transformación. Muchas veces, mientras pensamos que todo se detiene, Dios sigue trabajando en áreas profundas del corazón, preparando nuevos comienzos que todavía no alcanzamos a ver.

A lo largo de mi propio recorrido aprendí que la salud mental merece el mismo respeto y atención que cualquier otra dimensión de la salud humana. Buscar ayuda profesional no es señal de debilidad, sino una expresión de valentía, conciencia y responsabilidad personal. Recibir acompañamiento terapéutico, seguir un tratamiento indicado y comunicar nuestras necesidades emocionales son decisiones sabias que pueden abrir puertas hacia la estabilidad y el bienestar. La fe y la medicina no tienen por qué estar enfrentadas; ambas pueden coexistir como recursos valiosos dentro del proceso de sanación.

También aprendí que sanar no siempre significa avanzar en línea recta. Hay días de progreso y días de pausa. Hay momentos de claridad y otros de preguntas. Existen temporadas donde descansar es tan importante como avanzar. El crecimiento auténtico suele desarrollarse con paciencia, constancia y compasión hacia uno mismo. No te juzgues por el ritmo de tu proceso. Cada persona tiene tiempos distintos, y aun los pasos pequeños siguen siendo pasos.

Si hoy sientes que has perdido dirección, recuerda que todavía puedes retomar y comenzar donde te quedaste. Si sientes que nadie entiende tu dolor, recuerda que existen personas preparadas y dispuestas a acompañarte. Si piensas que tus mejores oportunidades quedaron atrás, recuerda que nuevas puertas pueden abrirse cuando menos lo imaginas. Y si la esperanza se ha debilitado, permite que otros la sostengan contigo por un tiempo hasta que puedas recuperarla.

Mi deseo para ti es que abraces la posibilidad de una vida más equilibrada, consciente y plena. Que te permitas recibir ayuda sin vergüenza, descansar sin culpa y avanzar sin compararte con otros. Que descubras que aun las heridas pueden transformarse en sabiduría, y que las pruebas no siempre destruyen: en ocasiones también refinan, enseñan y redirigen.

Hoy puedo decir con convicción que aun a través de la adversidad es posible reconstruir, crecer y florecer. Por eso, si estás en proceso, sigue caminando.

Si estás cansado, sigue creyendo.
Si estás herido, sigue buscando sanidad.
Si has caído, vuelve a levantarte.

Todavía hay vida por vivir, propósito por alcanzar, paz por descubrir y capítulos hermosos por escribir.

Y si algo deseo que recuerdes al cerrar estas páginas, es que aun cuando no veas el camino completo, sigue dando pasos con fe, con valentía y con esperanza. A veces, las temporadas más oscuras anteceden a los amaneceres más hermosos. Confía en que Dios continúa obrando. Que tu historia sigue escribiéndose y que lo mejor está por venir.

Lo mejor de tu historia aún está en proceso, y un día florecerá con intención.

Esta historia continuará...

EPÍLOGO

La historia continúa

Hoy estoy más que agradecida con Dios y la vida. Me encuentro viviendo una nueva etapa marcada por crecimiento, propósito y constante renovación. Después de atravesar temporadas desafiantes que pusieron a prueba mi fortaleza emocional, hoy avanzo con una comprensión más profunda de mí misma, de la salud mental y del valor que tiene perseverar aun en medio de la adversidad.

En diciembre de 2025 culminé mi maestría en Consejería de Salud Mental, un logro que representa mucho más que una meta académica. Simboliza años de esfuerzo, disciplina, sanación, fe y compromiso con una vocación centrada en servir y acompañar a otros en sus propios procesos de bienestar emocional. También inicié una nueva transición personal al mudarme a una nueva ciudad y comenzar una nueva oportunidad laboral en el área de salud mental ofreciendo servicios de terapia familiar intensiva en el hogar (IHT) y apoyando a niños, adolescentes y familias en el manejo de desafíos emocionales, conductuales y familiares. Este cambio representa no solo desarrollo profesional, sino el inicio de una etapa donde puedo poner al servicio de otros las enseñanzas adquiridas a través de la formación académica y la experiencia.

También di forma a la organización sin fines de lucro junto a mi hermana "Unidos somos más fuertes", con la misión de llevar psicoeducación a las comunidades, romper el estigma asociado a la salud mental, orientar y promover conversaciones saludables sobre bienestar emocional y salud integral. Creo firmemente que la información correcta, el apoyo oportuno y la empatía pueden transformar vidas y fortalecer comunidades enteras.

Paralelamente, desarrollé mi marca personal ENFOCADOS, un espacio dedicado a acompañar a personas que atraviesan momentos de incertidumbre, ayudándoles a encontrar claridad, propósito y enfoque en sus vidas. En ocasiones, las crisis también pueden convertirse en puntos de redirección, y mi deseo es servir de apoyo a quienes necesitan recordar que aún es posible comenzar de nuevo.

Esta etapa representa para mí mucho más que nuevos proyectos. Representa legado y también la oportunidad de convertir el dolor en servicio, la experiencia en sabiduría y las pruebas en herramientas para bendecir a otros. Mi historia no termina en estas páginas. En muchos sentidos, apenas comienza una nueva temporada de crecimiento, formación continua, servicio comunitario, crecimiento espiritual y expansión personal. Continúo caminando con fe, conciencia y esperanza renovada, convencida de que incluso después de los capítulos más difíciles, la vida aún puede abrir puertas inesperadas.

Si algo he aprendido, es que sanar no siempre significa volver a quien eras antes. A veces, sanar significa convertirte en alguien más fuerte, más sabio y más dispuesto a iluminar el camino de otros. Con gratitud y convicción, hoy puedo decir: mi historia continúa...

Agradecimientos

En primer lugar, elevo mi más profunda gratitud a Dios, quien ha sido mi fortaleza constante, mi refugio en los días difíciles y mi sostén en cada etapa de este camino. En los momentos de incertidumbre, cansancio, enfermedad y prueba, su gracia me ha sostenido cuando mis fuerzas parecían insuficientes. A él le debo cada paso dado, cada oportunidad recibida y la esperanza que nunca permitió que perdiera.

A mi madre, Reina García, por su presencia fiel, su amor incondicional, su entrega incansable y por ser uno de los pilares más firmes de mi vida. A mis hijos, Billy y Meralyz, por ser mi mayor inspiración, mi motivación diaria y una de las razones más profundas para seguir adelante aun en los momentos más complejos.

A mi querida hermana, Keren Sánchez, gracias por ser mi apoyo, mi sostén y una compañera incondicional en cada etapa de este recorrido. Tu amor, disponibilidad y confianza han sido un regalo invaluable para mi vida. A mis hermanos, Engel e Isaías Sánchez, gracias por estar siempre presentes, por su respaldo, cariño y disposición para tenderme la mano cuando más lo necesito.

A mi familia extendida, tías, tíos, primos, primas, sobrinas, sobrinos, cuñadas, etc., quienes de una forma u otra han sido parte importante de mi red de apoyo. Cada palabra de ánimo, cada gesto de cariño y cada muestra de afecto han dejado una huella significativa en mi corazón.

De manera muy especial, agradezco a mi sobrina Selomith Sánchez, por su extraordinaria capacidad para escuchar con el corazón, validar mis emociones y brindarme un apoyo incondicional. Su empatía, sensibilidad y ese don natural que Dios le ha concedido; han sido un refugio para mí en momentos de dificultad.

Extiendo también mi sincera gratitud a los profesionales de la salud mental y física que me acompañan con ética, conocimiento y humanidad. A la Dra. González, al Dr. Warner, a mi terapeuta, a mi cardióloga y a todos aquellos profesionales que me ofrecen orientación clínica, escucha empática y tratamiento oportuno en momentos determinantes. Su labor representa mucho más que una profesión; representa esperanza, alivio y la posibilidad real de recuperación para muchas personas y familias.

A mis compañeros de trabajo y supervisores, gracias por el apoyo, la comprensión y las palabras de aliento brindadas a lo largo de distintas etapas de mi desarrollo profesional. En muchas ocasiones, una actitud amable, una palabra oportuna o una presencia solidaria ha tenido un impacto mucho mayor del que podían imaginar.

Mi más sincero agradecimiento a la directora del programa de la Universidad Framingham State, quien creyó en mí y contribuyó a que pudiera completar mi maestría cuando, en más de una ocasión, pensé que no lograría llegar hasta el final. Su apoyo hizo posible que hoy este sueño sea una realidad.

Expreso un reconocimiento muy especial a los pastores Martínez, del Ministerio Cristo en la Familia, por su cercanía, apoyo espiritual, palabras de ánimo y acompañamiento durante etapas significativas de mi proceso. Su ministerio ha dejado una huella importante en mi caminar de fe.

Asimismo, agradezco profundamente a las hermanas Martí y mis hermanas de la fe, por su compañía, oraciones, cariño y disposición para ayudar; han sido una verdadera bendición para mi vida. Gracias a todos los de la comunidad de la fe que Dios ha colocado en el camino para brindarme apoyo, escucha y fortalecimiento a través de la oración y la palabra de Dios.

La verdadera amistad y hermandad se revelan con mayor claridad en los momentos donde más se necesita, y Dios ha permitido que muchos de ustedes sean un regalo de Dios en mi historia.

Finalmente, agradezco a cada experiencia vivida, incluso aquellas que en su momento parecieron difíciles de comprender. Hoy reconozco que cada una contribuyó a formar la mujer que soy, fortaleciendo mi carácter, mi sensibilidad, mi fe y mi propósito de servir a los demás.

A cada lector que ha llegado hasta estas páginas, gracias por permitirme compartir esta historia. Mi mayor deseo es que este libro sea una herramienta de reflexión, educación, esperanza y fe. Si alguna parte de mi recorrido logra acompañar, orientar o inspirar a una sola persona a no rendirse, entonces cada página habrá cumplido el propósito para el cual fue escrita.

Con profunda humildad, inmensa gratitud y una esperanza renovada, gracias por formar parte de esta historia. Que Dios les bendiga abundantemente.

Alfaxad M. Sanchez

Alfaxad M. Sánchez es profesional de la salud mental, terapeuta, consejera familiar, mentora, conferencista y defensora comunitaria, apasionada por el bienestar emocional, la fe y el crecimiento personal. Es originaria de Santo Domingo, República Dominicana, y actualmente reside en Massachusetts junto a su familia, desde donde continúa desarrollando iniciativas enfocadas en la educación emocional, el fortalecimiento familiar y el acompañamiento integral de niños, adolescentes, adultos y familias de diversas comunidades.

Cuenta con más de una década de experiencia trabajando con personas que enfrentan desafíos emocionales, conductuales, familiares y sociales. Posee una licenciatura en Psicología de la University of Massachusetts Boston, una maestría en Psicología de la Consejería (Master of Arts in Counseling Psychology) de Framingham State University y una amplia formación complementaria en salud mental, desarrollo comunitario y liderazgo. Además, posee formación de posgrado en estudios bíblicos y ministeriales a través del Instituto Bíblico Mizpa.

Actualmente se desempeña como terapeuta de salud mental y clínica especializada en terapia intensiva en el hogar (In-Home Therapy, IHT) en Massachusetts, donde acompaña a niños, adolescentes y familias en el desarrollo de habilidades para afrontar crisis, fortalecer las relaciones familiares y promover el bienestar emocional. Su práctica integra la evidencia clínica con un enfoque compasivo, familiar y centrado en la recuperación, la esperanza y el potencial de cada persona.

A lo largo de su trayectoria, Alfaxad ha combinado su preparación académica con experiencias de vida profundamente transformadoras, lo que le permite conectar de manera auténtica, humana y empática con quienes atraviesan momentos de dolor, pérdida o incertidumbre. Lleva consigo valores de fe, perseverancia y servicio que han marcado tanto su vida personal como su vocación profesional. Para ella, la fe, la familia y el apoyo comunitario constituyen pilares fundamentales en todo proceso de sanación, crecimiento y resiliencia.

Es fundadora y presidenta de UNIDOS SOMOS MÁS FUERTES, INC., una organización sin fines de lucro dedicada a promover la concientización sobre la salud mental, fortalecer a las familias y conectar a la comunidad con recursos de apoyo, educación y esperanza. A través de esta labor, impulsa espacios de aprendizaje, prevención y acompañamiento que contribuyen a romper el estigma que aún existe en torno a la salud mental, especialmente dentro de la comunidad hispana.

En *A través de la adversidad*, la autora abre su corazón para compartir reflexiones, aprendizajes y experiencias marcadas por la resiliencia, la fe y la transformación personal. Su propósito es recordar que, incluso en los momentos más oscuros, siempre existe la posibilidad de sanar, levantarse y descubrir un nuevo propósito. Con esta obra, espera inspirar a cada lector a abrazar la esperanza, fortalecer su espíritu y reconocer que las adversidades no tienen la última palabra cuando se camina con fe, perseverancia y la decisión de seguir adelante.

www.ingramcontent.com/pod-product-compliance
Lightning Source LLC
LaVergne TN
LVHW100733061126
851857LV00011B/515
* 9 7 9 8 9 9 6 6 8 7 1 1 4 *